U0930792

央民族大学国家"十五""211工程"建设项目 

吴楚克 赵巧娥 著

阿巴嘎旗五十年

——一个蒙古族牧区社会的发展报告

中央民族大学出版社

图书在版编目（CIP）数据

阿巴嘎旗五十年/吴楚克，赵巧娥著．—北京：中央民族大学出版社，2006.9

ISBN 7－81108－275－6

Ⅰ.阿…　Ⅱ.①吴…②赵…　Ⅲ.社会主义建设成就－阿巴嘎旗　Ⅳ.D619.264

中国版本图书馆 CIP 数据核字（2006）第 109179 号

阿巴嘎旗五十年——一个蒙古族牧区社会的发展报告

作　　者　吴楚克　赵巧娥
责任编辑　龙　宣
封面设计　马钢工作室
出 版 者　中央民族大学出版社
　　　　　北京市海淀区中关村南大街 27 号　邮编:100081
　　　　　电话:68472815(发行部) 传真:68932751(发行部)
　　　　　　　68932218(总编室)　　　68932447(办公室)
发 行 者　全国各地新华书店
印 刷 者　北京华正印刷有限公司
开　　本　880×1230(毫米)　1/32　印张:5.625
字　　数　142 千字
印　　数　2000 册
版　　次　2006 年 9 月第 1 版　2006 年 9 月第 1 次印刷
书　　号　ISBN 7－81108－275－6/D·88
定　　价　12.00 元

目　录

序　言

阿巴嘎旗有着辉煌的历史和丰富的民族文化，这里曾孕育了无数杰出的民族英雄。正像所有建立过伟大帝国的民族都曾从自己的发源地开始迈向世界一样，阿巴嘎旗就是一个这样的发源地。阿巴嘎旗的特殊性还在于，在整个社会政治经济制度发生转型的相对时期里，阿巴嘎旗依然保持着传统社会的发展“惯性”，其牧业生产方式和居民生活传统依然顽强地保留着，直至今天，阿巴嘎旗的社会经济发展仍表现出相当的不平衡。以胡锦涛为首的新一届领导集体提出“科学发展观”后，再回顾阿巴嘎旗50年来的社会发展历程，我们终于可以认识到单纯追求发展并不能说明社会整体发展水平提高。特别是在少数民族地区，自然环境和生产方式需要对市场经济有一个适应过程。而在转型变革期间，社会发展的各项指标可能是不平衡的，有的方面可能是提高了，而有的方面则可能下降了。单纯从现象上看，我们有可能看不到像阿巴嘎旗这样一个偏远的相对封闭的传统民族社会正在经历的巨大而深刻的变革。而这一切我们却可以通过教育、文化、医疗、交通、通讯等现代化标志的项目变化情况加以了解，可以通过各项经济发展指标判断哪些生产行业在增长、哪些生产行业在衰落。

这就是我们这个研究课题的目的。

阿巴嘎旗50年来所走过的历程是人类社会变革的缩影。

从生产方式角度看，50年前的阿巴嘎旗几乎没有什么现代工业，但是畜牧业比较发达，全旗人口构成主要是以蒙古族牧民为主。而依据人类主要生产方式变革的一般规律来看，从游牧生产方式向工业生产方式过渡，中间还需要一个相当长的城市化过程，以满足工业化必需的劳动力转移、教育素质的必备和具备基本的交通电力条件。今天，阿巴嘎旗不仅完成了工业化初期建设需要的基本投资，而且，它已经实现了现代工业化的前期准备，特别是在通讯、交通、医疗、教育、文化领域走在了经济发展的前列。

阿巴嘎旗的特殊性还在于，尽管已经进入了工业化阶段，但它依然保持着以牧业生产为主的特征，是全国仅存的牧业化旗县之一。或者说，阿巴嘎旗 50 年的历史说明：游牧经济与工业经济之间并没有横亘着一个必需的农业化过程，由游牧经济直接过渡到工业化经济是完全可能的，且事实上是成功的。

从社会综合发展角度看，阿巴嘎旗在短短 50 年内，教育、卫生、通讯、城市化建设都获得了巨大发展，特别是近几年来，城市化步伐突飞猛进。牧民生活消费比例中，维持基本生活水平的支出下降，教育、医疗、交通通讯、家用电器等消费支出加大，虽然其中有不合理涨价因素，但它毕竟说明综合生活消费结构正在发生变化。在居住分散的游牧民中，教育、医疗、卫生、交通通讯的发展提高是现代化生活最显著的标志，其投入成本远远大于内地农业地区，因此，这方面的变化虽然是缓慢的，但却是带有根本性的。

阿巴嘎旗社会综合发展取得的成就与沿海东部地区当然是无法相比的，这其中除了基础本身就存在巨大差异的因素外，还有两个因素需要引起我们的注意：

一个是地域因素。阿巴嘎旗的自然环境限制了大规模工业化城市建设，也制约着人口增长速度；受到交通薄弱和环境脆弱的影响，资源开发只能局限在比较单一的小规模、小范围内，此外，阿巴嘎旗地处边防前哨这样的地缘环境，限制了工业投资和生产成本的降低。因此，阿巴嘎旗的发展不可能完全依靠市场经济的作用，它需要得到国家的投入和专项支持，否则，它与发达地区的差距会越来越明显。

一个是社会因素。阿巴嘎旗蒙古族牧民长期保持传统的生产和生活方式，对建设有中国特色的社会主义市场经济需要一个更为长久的理解和适应过程。牧业生产使游牧生产方式与自然规律之间形成必然的规律性联系，打破这种规律以满足市场规律的需要，这首先需要打破人们的生产方式和生活习惯，而这绝不是一个一蹴而就的过程。此外，在偏远的边疆地区能否“一刀切”式地实施市场经济，是一个值得我们深思的问题。事实上，在今天的阿巴嘎旗，尽管在有些流通领域商品经济得到了快速发展，但由于传统生产方式依然顽强地影响着整个社会生活结构，一些纯粹市场化的运作还没有完全建立起来。

即使这样，阿巴嘎旗的各族人民团结奋斗，克服了一个又一个困难，取得了惊人的成就，尤其是近几年的发展速度大大突破了前些年的纪录，取得了一定的创新和发展。

2004年，全旗各族人民在旗党委、政府的领导下，以十六大精神和“三个代表”重要思想为指导，积极推进“四大战略，一个工程”，牢固树立和落实科学发展观，齐心协力，克服各种困难和压力，在经济发展、对外开放、社会保障、基础设施建设和生态环境保护等方面取得了显著成绩，城乡居民收入稳步增长，人民生活继续改善。全年实现生产总值58905万元，按可比价格计算，比上年增长29.5%。其中第一产业增加值24268万元，增长10.0%；第二产业增加值17262万元，增长116.0%；第三产业增加值17375万元，增长16.0%。全年人均生产总值13395元（按户籍人口计算），增长33.0%。产业结构逐步趋于合理，比例为41：29：30。第一产业所占比重下降10个百分点，第二产业比重上升12个百分点，第三产业比重上升2个百分点。财政收入快速增长，全年财政总收入2342万元，比上年增长

101%。其中地方财政收入2015万元，比上年增长120%；上缴中央税收327万元，比上年增长31.3%。全年财政总支出11106万元，比上年增长48.2%。

但是，整个社会消费增长并不平均，特别是全年居民消费价格指数和商品零售价格指数分别为104.4%和100.9%，同比增长0.4和0.9个百分点，增长缓慢。这与劳动就业率低和工资收入低有关。比如2004年共征集再就业岗位822个，安置各类人员594人，组织劳务输出130人，城镇登记失业控制在4.5%以内。这反映出就业岗位数超出实际就业人数，这恐怕在全国也是绝无仅有的，它只能说明就业岗位工资太低。

阿巴嘎旗国民经济和社会发展中存在的主要问题是：经济发展总水平还比较低；需进一步加大产业结构调整力度，产业化协作程度低；工业经济总量小，没有形成支柱产业，工业发展对全旗经济的拉动力仍显不足；城乡居民收入水平不高，牧民增收难，增长速度慢。

一、畜牧业生产平稳发展。由于阿巴嘎旗连续三年干旱，2004年牧业年度牲畜总头数206.4万头（只），比上年减少3.1万头（只）；牧业年度牲畜总增84.8万头（只），比上年增加4.6万头（只）；全年牲畜出栏102.8万头（只），比上年增长4.6%，出栏率为88.9%。全年肉类总产量22329万吨，增长22.2%；绵羊毛1261吨，增长2.8%；山羊126吨，下降3.1%；牛、羊皮102万张，增长7.7%；奶类11696吨，增长60.7%。以围封转移为主的生态建设和生态保护成效显著。完成春季休牧3364万亩，划区轮牧86万亩，舍饲禁牧112万亩，“三牧”总面积达3562万亩，占全旗草场总面积的88%。全年完成飞播造林面积2.0万亩、封沙育林4万亩、飞播牧草2万亩、围栏封育30万亩，生态移民140户700人。

二、工业生产和固定资产持续快速增长。阿巴嘎旗工业走上快速发展的道路是从2000年开始的，到2004年，全年工业增加值完成8525万元，比上年增长99.9%。其中规模以上工业企业（国有及国有控股企业和年产品销售收入500万元以上的非国有工业企业）完成工业增加值6443万元，同比增长201%。规模以下工业企业完成增加值2082万元，同比增长5.68%。产销衔接良好。建筑业生产和效益快速增长。全年建筑业增加值8737万元，比上年增长133.8%。各类房屋建筑施工面积3.5万平方米，竣工房屋面积3.1万平方米。

固定资产投资高速增长。全年全社会固定资产投资42012万元，比上年增长210.8%，创历史新高。按经济类型分，国有经济单位投资33251万元，同比增长214.6%；非国有经济单位投资8761万元，增长197.0%。按投资管理渠道划分，基本建设投资30451万元，增长244.3%；更新改造投资1070万元，下降22.8%；其他投资9131万元，增长780.5%；城镇私人建房投资1360万元，增长8.8%。投资结构调整步伐明显加快。全年第一产业完成投资（包括水利投资）9819万元，增长65.9%；第二产业完成投资6912万元，增长173.6%；第三产业完成投资25281万元，增长398.2%。投资效果显著提高。全年各种经济类型单位全部投产236个（户）；新增固定资产22797万元，为改善教学条件新增教学面积3400平方米；造林面积6万亩；铁矿开采可达20万吨/年；原煤开采可达24万吨/年；电石生产能力可达22万吨/年。这些投资项目的建成投产，为全旗经济发展奠定了新的物质基础。

三、市场经济发展情况。全旗全年社会消费品零售总额24995万元，比上年增长17.1%。从城乡看，城镇消费品零售额22375万元，增长17.5%；牧区消费品零售额2620万元，增长14.1%。从行业看，批发零售贸易业零售额21750万元，增长16.5%，占整个零售额的87.0%，居各行业之首；餐饮业零售额

2376万元，增长25.8%，增速位居各行业第一。其他行业零售额869万元，增长12.3%。消费支出中饮食支出占居首位，说明市场经济结构还处于低级阶段，商品流通主要以满足人们起码的生活必需为基础。

四、交通运输生产稳定发展。全年完成公路货运量48万吨，同比增长23.1%；全年完成公路客运量31万人，同比增长40.9%；全年公路货运周转量5657万吨公里，同比增长9.9%；公路客运周转量2003万人公里，同比下降1.9%。年末全旗公路通车里程达1125.2公里，其中柏油路面169公里，砂石路面332公里。

邮电通信业继续快速发展。全年邮电业务总量841万元，比上年下降28.0%。其中邮政业务总量121万元，上升3.4%；电信业务总量720万元，增长4.3%。年末本地网固定电话用户11138户（包括小灵通用户3019户），下降9.0%，其中城镇电话用户7915户，下降12.0%；牧区电话用户3223户，增长1.0%。公用电话点381处，增长37.0%。年末移动电话用户10220户，增长37.8%。全旗电话普及率（包括固定和移动电话）49部/百人，增长22.5%。年末全旗计算机互联网用户542户，增长58.6%。

旅游业进一步发展。全年共接待国内外游客2.3万人次（海外游客43人次），与上年基本持平，实现旅游收入517万元。其中，成吉思宝格都山景区和洪格尔两户盟级“牧人之家”旅游点累计接待游客3000人次，总收入12万元。

五、教育事业稳步发展，民族教育和素质教育得到加强。2004年年末全旗有中小学校11所，在校学生4802人，其中普通中学2所，在校学生1927人，比上年下降7.8%；职业中学1所，在校学生189人，增长21.2%；小学8所，在校学生2975人，减少6.9%。适龄儿童入学率100%。

科技服务体系不断完善。科技有偿承包工程进展顺利，全年签订技术合同 46 份，合同金额达 148 万元，继续实施“1315”工程，年内累计培训牧民 7200 人次。

六、文化、体育、广播电视事业继续发展。2004 年末，全旗有各类文化事业机构 6 个，公共图书馆有藏书 11248 册，其中蒙文图书 3123 册。12 个苏木镇均建有文化站，71 个嘎查设有文化室。年末拥有业余体校 1 所，体育教练 5 名。新建占地 7.5 万平方米大型室外体育场 1 处。年末全旗有无线高频广播发射台 1 座，无线广播覆盖率达 91.0%；卫星地面接收站 550 个，电视发射差转台 3 座，有线电视台 1 座，电视覆盖率 89.0%，有线电视用户 4710 户，其中城镇用户 3800 户。

卫生事业进一步发展。2004 年末，全旗共有卫生机构 39 个，其中旗级医院 2 所，苏木卫生院 11 所，嘎查卫生室 20 个，卫生防疫站 1 个，妇幼保健站 1 个，计生服务站 1 个，个体诊所 3 个。年末全旗医疗卫生单位拥有病床 135 张。年末全旗有卫生技术人员 274 人。

七、2004 年出生人口 410 人，人口出生率 9.4%；死亡人口 171 人，人口死亡率 3.9%，人口自然增长率 5.5%。年末全旗总人口 43977 人，比上年增加 216 人，年末总人口中，男性人口 22860 人，占 52.0%；女性人口 21117 人，占 48.0%。总人口中，汉族人口 18860 人，占 42.9%；蒙古族人口 24329 人，占 55.3%；其他少数民族人口 788 人，占 1.8%。

2004 年，城镇居民人均可支配收入 5321 元，比上年增加 550 元，增长 11.5%。全年牧民人均纯收入 3094 元，比上年增加 488 元，增长 18.7%。居民家庭恩格尔系数（即居民家庭食品消费支出占家庭消费总支出的比重），城镇为 36.0%，牧区为 30.6%。

2004 年年末，全旗有 5053 人参加基本养老保险，其中在职职工 3529 人，离退休人员 1524 人。参加失业保险职工 1873 人。领取失业保险金人数为 21 人。全年有职工 4139 人和退休人员 709 人参加了医疗保险；全年共有 721 人得到最低生活保障救济。

总之，阿巴嘎旗是一个独特的地方，它的面积有 2 万 7 千多平方公里，相当于我国台湾省面积的四分之三，台湾人口却是阿巴嘎旗的 300 多倍。尽管这里的生存环境远不同于海洋性气候的台湾，但这里依然生息繁衍着一个伟大的民族，依然顽强地保持着自己原有的生活方式。他们并不排斥新生事物，他们在努力适应正在变化的社会环境，正在为改变自己的家园而努力，正在为创造更加美好的生活而奋斗。相信不久的将来，阿巴嘎旗能够走出一条现代化牧业生产方式的道路，为自己的辉煌的历史再创奇迹。

第一章　阿巴嘎旗的历史与自然描述

阿巴嘎旗在内蒙古草原上是仅存的纯牧业旗，这与生活在这块土地上的族群的历史和自然环境有直接关系。尽管在当代内蒙古草原上现代工业成果早已随处可见，但在阿巴嘎旗却有很多方面，特别是在民族传统思想及风俗习惯上，依然可以看出民族生活和文化的传统痕迹。因此，我们选择了阿巴嘎旗在建国后50年内的发展变化作为内蒙古现代化进程的一个特殊例证，展示民族社会生活与国家发展进程之间的关系，从民族学、边疆政治学、社会统计学角度，探讨游牧生活方式走向当代工业社会的特殊轨迹。

第一节　阿巴嘎旗的历史发展和民族记录

阿巴嘎旗位于内蒙古自治区锡林郭勒盟中北部。北与蒙古国接壤，边境线长175公里。东邻东乌珠穆沁旗及锡林浩特市，南与正蓝旗相连，西和苏尼特左旗为邻。全旗南北长260公里，东西宽约110公里，总面积为27495平方公里。

阿巴嘎旗远在汉朝时为上谷郡北境，晋为拓跋氏居地，隋、唐为突厥所居，辽为上京道西境，金朝属北京路西北境，元朝属上都路，明为察哈尔万户地。

元太祖弟别里古台，十七世传至巴雅思胡布尔古特。有二子：长子名塔尔尼库同，号所部为阿巴嘎。塔尔尼库同有二子：长子素僧克伟征，其子额尔登图门，号扎萨克图诺颜；次子杨古岱卓里克图，其子多尔济，号颜齐格诺颜。初称阿鲁蒙古，属于察哈尔。万历四十七年（1619年）前后，以林丹汗不道，徙牧瀚海北克鲁伦河界，依喀尔喀车臣汗硕垒。

崇德四年（1639年），额齐格诺颜多尔济自喀尔喀归顺清朝。崇德六年（1641年），诏授额齐格诺颜多尔济为札萨克多罗照日格图郡王。顺治八年（1651年），额尔登图门之孙都思噶尔自喀尔喀来归，招授札萨克多罗郡王。以多尔济掌阿巴嘎右翼旗，都思噶尔掌阿巴嘎左翼旗，遣官定牧地。

元太祖弟别里古台十八世传至诺密特默格图，号所部阿巴哈纳尔。再传至多尔济伊勒登，有子二：长子色棱墨尔根，次子栋伊思喇布。初称阿鲁蒙古，驻牧克鲁伦河界，其地在瀚海北。康熙四年（1665年），栋伊思喇布初授札萨克固山贝子。康熙五年（1666年），色棱墨尔根归顺清朝。康熙六年（1667年），诏授札萨克多罗贝勒，遣官指示阿巴嘎部移牧他所，以旧牧地给阿巴哈纳尔。色棱墨尔根掌阿巴哈纳尔右翼旗，栋伊思喇布掌阿巴哈纳尔左翼旗。

民国3年（1914年）成立察哈尔特别行政区，阿巴嘎左右翼旗、阿巴哈纳尔右翼旗归察哈尔特别行政区管辖。民国17年（1928年）察哈尔特区改为省。阿巴嘎左、右旗，阿巴哈纳尔左、右旗均归察哈尔省管辖。民国26年（1937年）“七七”事变后，沦为伪蒙疆政府辖境。

1946年春，中国共产党在锡林郭勒盟地区开辟工作。内蒙古自治运动联合会转移到贝子庙（1953年5月4日改称为锡林浩特），锡林郭勒盟分会和政府组织工作队在阿巴嘎左、右旗，阿巴哈纳尔左、右旗改造旧政权，建立民主政权，隶属锡林郭勒分会管辖。从此废除了封建王公罔替制度。至1946年，阿巴嘎右旗王位延续了16代、294年；阿巴嘎左旗王位延续了12代、305年；阿巴哈纳尔右旗王位延续了15代、278年；阿巴哈纳尔左旗王位延续了12代、281年。

阿巴嘎右翼旗“在张家口东北295公里，东距京师500公里。牧地有库尔查罕诺尔，为固尔班乌斯克河所注，东界哈毕喇噶泉，西界库库勒，南界伊柯什噶，北界华陀博。广八十里，袤三百一十里。”

阿巴嘎左翼旗“在东独石口东北五百五十里，南距京师一千七百里，牧地环锡林河。东界巴尔启舌之哈喇鄂博图，西界什尔登山，南界乌苏图土鲁格池，北界哈布塔噶陀罗海，广一千二百里，袤一百八十里。”

阿巴嘎纳尔右翼旗“在张家口东北六百四十里。东南距京师一千零五十里，牧地有达里冈爱诺尔。东界希尔当山，西界哈喇堂，南界博罗温都尔冈，北界华陀罗海山。广六十里，袤三百一十里。”

阿巴哈纳尔左翼旗“在独石口东北五百八十里，东南距京师一千一百里。牧地达里冈爱诺尔。东与北皆界浩齐特，南界阿巴噶，西界阿巴哈纳尔右翼旗。广一百二十里，袤三百一十八里。”①

民国时期境域无大变化。阿巴嘎右旗主要包括现在的那仁宝拉格苏木、巴彦德勒格尔苏木的宝格达乌拉和查干淖尔苏木的大部分地区；阿巴嘎左旗主要包括现在的洪格尔高勒苏木、德勒格尔苏木和巴彦库伦军马场大部分地区；阿巴哈纳尔右旗包括现在的青格勒宝拉格苏木、巴彦查干苏木和宝格达乌拉苏木、查干淖尔苏木的一部分地区；阿巴哈纳尔左旗包括现在的锡林浩特市、锡林浩特市区的阿尔善宝拉格苏木、巴彦宝拉格苏木、伊勒特苏木和达布希勒图苏木、巴彦锡力牧场和阿巴嘎旗伊和高勒苏木的部分地区。

1947年，在贝子庙成立中国共产党锡（锡林郭勒）察（察哈尔）、巴（巴彦塔拉）、乌（乌兰察布）工作委员会。1948年成立中部中心旗工作委员会，阿巴哈纳尔左旗、阿巴哈纳尔右

① 转引自《阿巴嘎旗志》第55页，内蒙古人民出版社，2001年。

旗、阿巴嘎左旗受中部中心旗工委管辖；阿巴嘎右翼旗受西部中心旗工委管辖。1949 年春，将阿巴嘎右旗、阿巴哈纳尔右旗合并为西部联合旗；阿巴嘎左旗、阿巴哈纳尔左旗、浩齐特右旗合并为中部联合旗。

1949 年阿巴嘎右旗、阿巴哈纳尔右旗合并成立西部联合旗；阿巴嘎左旗、阿巴哈纳尔左旗、浩齐特右旗合并成中部联合旗；1952 年中部与西部联合旗合并成西部联合旗，1956 年改称为阿巴嘎旗；1959 年伊勒特人民公社划归锡林浩特管辖；1963 年阿尔善宝拉格人民公社划归阿巴哈纳尔旗管辖，此后阿巴嘎旗境域无变动。

1952 年 5 月 26 日，西部与中部联合旗合并，西部联合旗归锡林郭勒盟管辖，1956 年 7 月 3 日，西部联合旗改称为阿巴嘎旗。锡林浩特为苏木级建制，受锡林郭勒盟直接领导。1959 年伊勒特公社划归锡林浩特管辖。1963 年 10 月 23 日，锡林浩特改设阿巴哈纳尔旗，同年 12 月 12 日将阿尔善宝拉格公社划归阿巴哈纳尔旗管辖。此后阿巴嘎旗行政区域再无变更。至 1999 年仍隶属锡林郭勒盟。

1999 年底，阿巴嘎旗地域西以查干淖尔、宝格达乌拉、那仁宝拉格苏木与苏尼特左旗交界；南以洪格尔高勒、巴彦德勒格尔苏木与正蓝旗交界；东以德勒格尔、浑迪乌素、额尔敦高毕、伊和高勒苏木与锡林浩特市交界；东北以吉尔嘎郎图苏木、玛尼图煤矿与东乌珠穆沁旗交界；北以吉尔嘎郎图、巴彦图嘎、青格勒宝拉格、那仁宝拉格苏木与蒙古国交界。

阿巴嘎旗的蒙古族，可以直接追溯到成吉思汗的家族。原初居民主要是阿巴嘎旗草原上的蒙古族，其来源主要为阿巴嘎部和阿巴哈纳尔部，和少数兀良哈蒙古人。阿巴嘎部蒙古族原驻牧地在瀚海北克鲁伦河流域。崇德四年（1639 年），元太祖弟别里古台的十八世孙塔尔尼库同率部归顺清朝归，号称阿巴嘎部、阿巴哈纳尔部，被清朝授予爵位，并划分牧地。此后阿巴嘎部和部分阿巴哈纳尔部的蒙古族人民在这里生息繁衍三百余年，至1999年底，全旗有蒙古族人口22583人，占总人口的54.3%。

据史书记载，成吉思汗的弟弟别里古台是个摔跤手，为人忠实厚道。他在与其他部落的一位摔跤手摔跤时，无意之中将其兄的战事泄露，使战争失利。成吉思汗查明原因后，不再允许别里古台参与军政大事，只让他管理礼宾事宜，同时分给他500户牧民作为役民，从此形成了阿巴嘎部落，也就是阿巴嘎家族。别里古台十八世孙塔尔尼库同之子额尔登图门归顺清朝后，以封建家族世袭罔替制统治阿巴嘎部落近300年。中华人民共和国成立后，这种封建家族世袭制被彻底废除。

阿巴嘎旗蒙古族姓氏不像汉族那样分得细，那样严格下传。成吉思汗扬名海内外数百年，至今阿巴嘎旗孛儿只斤家族后裔姓氏都沿袭着"宝"、"包"、"暴"、"博"、"鲍"或接近"孛儿"音的姓氏。阿巴嘎旗蒙古族还有以部落名称为姓氏的，在名字前加上部落名称"阿巴嘎"、"阿巴哈纳尔"、"浩济特"等，如阿巴嘎那木斯来，"阿巴嘎"代其姓氏。阿巴嘎旗蒙古族还有以居住地为姓氏的，如"赛汗图门"、"沙如塔拉"、"阿尔善"、"浑迪乌素"等。此外，在一些牧民中，特别是旗东北部的蒙古族中，取汉姓者也很多，如：白、吴、宋、石、韩、张、杨、佟、金等。

阿巴嘎旗蒙古族家庭为一夫一妻制，也有一些家庭为三代、四代同堂。过去丈夫为一家之主，生产生活等家庭大事由丈夫决定，妻子很少过问。家庭财产除女儿出嫁陪送部分外，扣除父母所需部分，由兄弟成家立业时酌情分配。解放前，蒙古族青年的婚姻由父母包办。中华人民共和国成立后，青年男女不分民族、地区、风俗习惯，自由选择配偶。成家后一般与父母分居另户。现今，早婚现象大大减少，少生少育、优生优育意识普遍提高。

居住在阿巴嘎旗的汉族，是从元朝始进入阿巴嘎草原进行贸易活动的汉族商人的后代。明朝廷惧怕蒙古族入侵，不准商人到草原上进行贸易活动，不准蒙古人跨过长城；清朝则对蒙古地区采用通商、和亲、封王、筑庙等统治手段，大批汉族商人流入草原。开始是季节性的流动，春来冬去，后逐渐变成常年性定居。民国四年（1915 年）随着贝子庙的兴盛，来自北京、山西、张家口、热河、昭乌达盟、多伦等地的旅蒙商及手工业者增多，阿巴嘎旗的汉族人口开始逐渐增加。

中华人民共和国成立后，牧区社会主义建设事业发展需要大批劳动力和管理人才，因此从内地招来或自动流入大批汉族，他们来自全国十几个省（区）；60 年代末至 70 年代初，大批知识青年插队落户到本地；为支援边疆建设成批调来的干部、工人以及毕业分配来的大中专毕业生，构成了阿巴嘎旗汉族人口的主体。至 1999 年底，全旗汉族人口 18466 人，占总人口的 44.4%。

在全旗民族构成中除蒙古族、汉族以外，还有回族、满族、藏族、达斡尔族、朝鲜族、壮族等少数民族，到 1999 年，这些少数民族占全旗总人口的 13%。

阿巴嘎旗的回族主要来自以多伦县及全国其他地方，主要是因边疆建设需要而调入的干部、职工。此地回族没有大的氏族，没有祠堂，只有家谱。姓氏以张、王、白、杨、郑、李、穆等姓为主。

阿巴嘎旗的满族人口也是随着牧区社会主义建设事业的不断发展而调入和流入的。有一部分原为满族，后改为汉族的人口在落实党的民族政策时经公安、民族事务部门核实后恢复为满族。因此，从 1971 年以后，阿巴嘎旗满族人口显著增加。

第二节 阿巴嘎旗行政区划的演变

在清代，阿巴嘎左右翼旗、阿巴哈纳尔左右翼旗归察哈尔管辖。阿巴嘎右翼旗札萨克驻科布尔泉，辖8个佐；阿巴嘎左翼旗札萨克驻巴颜额伦，辖11个佐；阿巴哈纳尔右翼旗札萨克驻永安山（昌图山），辖7个佐；阿巴哈纳尔左翼旗札萨克驻乌尔呼拖罗海山，辖9个佐。

民国初，四个旗的旗名去掉“翼”字。民国三十二年（1943年）阿巴嘎右旗辖8个佐；阿巴嘎左旗辖11个佐；阿巴哈纳尔右旗辖7个佐；阿巴哈纳尔左旗辖6个佐。1946年，阿巴嘎右旗驻地为贡格尔庙；阿巴嘎左旗驻地是西坡哈沙，后迁至图门额勒苏。1946年9月在杨都庙召开建旗政府大会，10月迁至阿尤勒海庙；阿巴哈纳尔右旗驻地是巴彦查干和日格；阿巴哈纳尔左旗驻地是贝子庙。

1949年春成立联合旗，西部联合旗辖5个苏木，中部联合旗辖5个苏木。1952年6月，中、西部联合旗合并为西部联合旗，旗政府驻汗贝庙，全旗分为8个苏木；1952年12月，八苏木改为四苏木。1953年9月4日，贝子庙改为锡林浩特，建立苏木级政权，从阿巴嘎旗辖区内划出。1955年8月，阿巴嘎旗辖7个苏木。

1956年2月，宝勒根苏木成立锡林郭勒盟第一个初级牧业合作社。6月28日西部联合旗改名为阿巴嘎旗。8月11日在恩格尔哈沙图建地方国营巴彦塔拉牧场。1956年末，各苏木陆续建起9个牧业初级生产合作社。1958年在亚干锡力建立公私合营巴彦德力格尔牧场。1958年8月，全旗109个牧业初级合作社合并精简为27个高级牧业生产合作社。1958年末，全旗实现人民公社化，以原苏木为单位改建为7个人民公社，即：那仁宝拉格、巴彦图嘎、查干淖尔、宝格达乌拉、巴彦高勒、伊勒特和阿尔善宝拉格人民公社。

1962年，阿巴嘎旗辖11个公社、2个牧场、63个生产队。1984年人民公社改称苏木，生产队改称为巴嘎。1984年全旗辖12个苏木、68个巴嘎，巴彦塔拉牧场划归阿巴嘎旗管理。1984年夏，巴彦塔拉牧场改称巴彦塔拉苏木。全旗辖13个苏木、71个巴嘎。1985年地名普查时将巴嘎改称为嘎查。1985年，巴彦高勒苏木改称洪格尔高勒苏木，汗乌拉苏木改称德勒格尔苏木，巴彦塔拉苏木改称浑迪乌素苏木。德勒格尔苏木灰腾河嘎查划归洪格尔高勒苏木管辖，此后德勒格尔苏木辖4个嘎查，洪格尔高勒苏木辖8个嘎查。1999年末，阿巴嘎旗辖13个苏木、71个嘎查；1个镇、10个居民委员会。

第三节 阿巴嘎旗所辖镇、苏木现状

1. 新浩特镇是阿巴嘎旗政府所在地，地处旗中部巴彦查干苏木境内。海拔1126.1米。地形三面丘陵起伏，西面较为平坦。北距边境150公里，东距锡林浩特市95公里，西距苏尼特左旗贝勒镇110公里，锡赛公路横贯全境。全镇东西长约4公里，南北宽约3公里，面积12平方公里。1999年末，全镇总户数5085户，总人口14977人，其中蒙古族4929人，汉族9635人。此外还有巴彦查干苏木机关干部、家属在镇内居住。

中华人民共和国成立前，这里仅有一座庙宇叫汗贝庙，喇嘛最多时达300余人。1952年西部联合旗人民政府设在汉贝庙。1966年，汗贝庙更名为新浩特镇。1971年8月1日新浩特镇“革命委员会”成立，从此被列入苏木级行政单位管理，全镇有

4个居民委员会，120个居民小组；1980年6月25日通过召开镇第一次人民大会产生镇人民政府，有6个居民委员会，108个居民小组；1988年有7个居民委员会；1999年末有10个居民委员会，分别是：别里古台、汗贝西、镇南、汗贝、东新、汗贝南、巴彦乌拉、西新、巴彦查干、额日和图居民委员会。

新中国成立前，几乎没有居民和商贾店铺。经过50年建设，形成初具规模的小集镇。镇内有汗贝、别里古台、巴彦查干等八条大街。旗党政机关多坐落在西新大街，东新大街多集中商业网点和服务行业。汗贝南街有修配网点、汗贝集市贸易市场和畜产品交易市场，国有、集体、个体经营网点多集中于此。经过50年的发展，已陆续兴建起牧机修造厂、乳品厂、发电厂、食品加工厂、食品公司等国营企业，还有集体办的砖瓦厂、皮件厂、木器厂、民族用品厂、综合社、缝纫社、建筑工程公司等工业及镇办、个体办工业户。上世纪90年代中期，为适应市场经济的发展，新浩特镇绝大多数企业转换了经营机制。

20世纪80年代后，镇内主要大街都铺设柏油路，并修建供水设施，路旁设置路灯，种植榆、杨、丁香、云杉等树木以美化环境，并修建了整齐美观的树围栏。新浩特镇对外交通十分便利，锡林郭勒盟运输公司在镇内建有汽车站，每日有发往锡林浩特市、呼和浩特市、苏尼特右旗赛汗塔拉镇、河北省张家口市等地的客运班车，旗运输公司有通往全旗13个苏木的客运班车。程控电话可实现国内、外直拨。

解放前，新浩特镇房屋建筑只有2300平方米，除大庙外多为土房。从1970年开始着重抓新建和改造旧房屋工作，砖石结构、砖瓦结构房屋逐年增多。1985年开始建楼房，数量逐渐增多，90年代开始建居民住宅楼。至1999年底，新浩特镇城区面积500万平方米，住宅建筑面积20万平方米。

随着经济的发展，各类办事机构逐渐完善。文化教育卫生事业不断发展，现有中学3所、小学3所，医疗卫生机构6个，并建有广播站、电视台、新华书店、文化馆等文化娱乐场所。商店、宾馆、旅店等服务行业齐全。1999年末，该镇居民人均收入3369元。

2. 那仁宝拉格苏木位于新浩特镇西北部，苏木人民政府驻查干敖包。距新浩特镇117公里，土地总面积为3500平方公里。辖有7个嘎查、81个浩特。1999年末有651户、2351人。其中蒙古族1738人，汉族613人。那仁宝拉格系蒙古语译音，意思是“朝阳泉”，以境内的那仁宝拉格（泉）命名。解放前属阿巴嘎右旗照日格图郡王的北苏木，1946年改为阿巴嘎右旗第一苏木，1949年为西部联合旗第一苏木，1952年改称车勒苏木（俗称一佐），1958年成立人民公社时命名为那仁宝拉格公社（包括青格勒宝拉格苏木），1961年缩小人民公社范围时，将青格勒宝拉格苏木分出，当时有7个生产大队。1970年时为6个生产大队(那仁宝拉格、额尔敦乌拉、巴彦锡勒、陶高图、巴彦吉尔嘎拉、吉尔嘎郎图)，1975年增设都新高毕生产队后变为7个生产队。1983年在体制改革中，改名为那仁宝拉格苏木，生产队改名为嘎查，1985年规范地名时仍称那仁宝拉格苏木。

那仁宝拉格苏木以牧业为主，围绕畜牧业发展多种经济为本苏木的经济支柱。畜牧业主要饲养放牧着蒙古牛、马、骆驼、羊，其中有草原红牛、安格斯黑牛、内蒙古细毛羊、乌冉克羊、乌珠穆沁肥尾羊等良种及改良种牲畜。1999年末，有大小牲畜155285头（只)。其中牛13524头、马3024匹、骆驼167峰、绵羊92536只、山羊46034只。年繁殖成活仔畜达7.74万头（只)，出售牲畜4.26万头（只)，母畜比重为61.78%。良种及改良畜比重达29.2%。有网围栏草库伦68处、87.7万亩，可利用水井215眼、机井11眼。苏木建有蒙汉小学各一所。苏木所在地有卫星电视接收站，道路平坦，交通方便，简易公路四通八达。

1999年11月开通程控电话。在苏木所在地建有气象站一个（科级单位），除每天搞气象观测外，还放氢气球进行业务研究。该苏木手工业较其他苏木发达，有木业社、铁业社、皮业社、毡业社及牧机具修配点，建筑队、商业服务网点也较其它苏木活跃。

3. 青格勒宝拉格苏木位于新浩特镇北部。苏木人民政府驻僧僧庙，距新浩特镇92公里。土地总面积2081平方公里，辖4个嘎查、88个浩特。1999年末有350户，人口1349人，其中蒙古族9947人，汉族342人。青格勒宝拉格系蒙古语，意为“乐园泉”。该苏木解放前属阿巴哈纳尔右旗豪伊图苏木。1949年西部联合旗成立后属一苏木。1955年8月属车里苏木。1958年成立人民公社后为那仁宝拉格公社所辖，1961年9月从那仁宝拉格公社分出，改称为青格勒宝拉格人民公社，辖有4个生产大队、6个生产小队。1970年时所属4个生产队的名称是青格勒宝拉格、巴彦图乎莫、阿日宝拉格、巴彦宝拉格。1984年体制改革时，改称青格勒宝拉格苏木，下设4个巴嘎。

该苏木以牧业为主。主要牲畜有蒙古黄牛、青格勒马、乌冉克羊、骆驼、山羊等。1999年末，牲畜总头数为135274头（只），其中牛10132头、马3609匹、骆驼34峰、绵羊49450只、山羊42051只、猪8口。年繁殖成活仔畜达6.72万头，出售牲畜3.5万头（只），母畜比重数为60%，良种及改良种畜比重数为36%。有网围栏草库伦67处、47.4万亩，可用水井151眼。苏木所在地利用僧僧宝拉格修建引水工程一处，集中供水点三个。是阿巴嘎旗唯一能吃上自来水的苏木。苏木所在地安装有卫星地面接收站，有广播电视。

4. 巴彦图嘎苏木位于新浩特镇北部，苏木人民政府驻呼吉尔图，距新浩特镇134公里，边境线长38公里。丘陵地形，海拔较高，境内有四方山、汗乌拉山，总面积3026平方公里。苏木辖5个嘎查、70个浩特。1999年末总户数485个，总人口1580

人，其中蒙古族1297人，汉族279人。巴彦图嘎系蒙古语，译为“富裕旗帜”。解放前为阿巴嘎左旗代钦苏木和其努德苏木。1952年，中部、西部联合旗合并后为二苏木（佐）。1955年全旗建立基层政权组织时，该苏木建12个嘎查。1958年建立人民公社时，设5个生产大队、20个生产小队。1961年缩小人民公社范围时，将伊和高勒、额尔敦高毕、吉尔嘎郎图分出单设4个苏木。此时仍为5个生产大队。1962年后改为4个生产大队。1970年时曾有公社牧场。1976年将巴彦德勒格尔生产大队分为巴彦德勒格尔、巴彦图嘎两个生产队，成为5个生产队。1983年改革人民公社体制时改为巴彦图嘎苏木，下设5个嘎查。

该苏木经济以牧业为主，发展多种经济为辅，有北部天然打草场，是发展畜牧业的优势基础。1999年末牲畜总头数为112058头（只），其中牛7872头、马4753匹、骆驼46峰、绵羊73313只、山羊36074只。主要优良畜种有乌冉克羊、安克斯改良牛等，年繁殖成活仔畜为6.24万头（只），出售牲畜3.4万头，母畜比重为66.3%，良种及改良畜比重为63.8%。有网围栏草库伦69处、102万亩，已建棚圈153处、30571平方米，可利用牧用水井235眼、机井3眼。苏木有蒙汉合格小学1所。在四方山有电视差转台1个，苏木所在地有电视广播。1991年11月开通程控电话。交通运输方便。

5. 吉尔嘎郎图苏木位于新浩特镇东北部，苏木所在地为德格吉呼那仁，距新浩特镇127公里，边境线长40公里，土地面积2100平方公里。辖5个嘎查、124个浩特，1999年末有居民359户，总人口1335人，其中蒙古族1075人，汉族260人。吉尔嘎郎图解放前属阿巴嘎左旗准豪义图（东北）苏木。解放后为中部联合旗二苏木，后为西部联合旗二苏木所辖。1958年成立人民公社后为巴彦图嘎人民公社的1个生产大队。1961年从巴彦图嘎公社中分出，设立吉尔嘎郎图公社，当时辖有4个生产大队、12 个生产队。1970 年时辖有吉尔嘎郎图、巴彦门都、巴彦尔图、巴彦宝拉格 4 个生产大队。1980 年将吉尔嘎郎图分成吉尔嘎郎图、海日罕两个队，辖 5 个生产队。1983 年，改革人民公社体制时改为吉尔嘎郎图苏木，下辖 5 个嘎查。

该苏木的社会经济以牧业为主。主要饲养放牧乌冉克羊、乌珠穆沁肥尾羊、蒙古黄牛、马、骆驼等牲畜。1999 年末牲畜总头数为 117335 头（只），其中牛 6593 头、马 1530 匹、驼 34 峰、绵羊 74337 只、山羊 34841。年繁殖成活仔畜 6.2 万头（只），出售牲畜 4.22 万头（只）；母畜比重为 66.4%左右，良种及改良种畜比重为 63.5%。在草原建设上有牧用水井 219 眼、机井 3 眼，网围栏 47 处、58.9 万亩，畜棚 151 处、14828 平方米。吉尔嘎郎图苏木曾是牧区机械化试点地，1964 年建有机械化服务站，进行过机械化打草、剪毛、牧机具修理。1970 年机械化服务站被撤销，但为牧区培养了一批牧机技术人才。1996 年 8 月开通程控电话，苏木建有蒙汉小学 1 所。

6. 伊和高勒位于新浩特镇东北部。苏木人民政府驻萨木尔吉，距新浩特镇 88 公里，土地面积 1700 平方公里。辖 5 个嘎查、186 个浩特。1999 年总户数为 439 户，总人口 1687 人，其中蒙古族 1218 人，汉族 463 人。伊和高勒系蒙古语，译为“大河”，因境内伊和高勒河而得名。解放前属阿巴嘎左旗代钦苏木和阿巴哈纳尔左旗伊和高勒苏木。解放后为中部联合旗二苏木的一部分，后为西部联合旗二苏木所辖。1958 年成立人民公社后为巴彦图嘎人民公社的 1 个生产大队；1961 年从巴彦图嘎公社中划出，设立伊和高勒公社，当时辖有 5 个生产大队和 1 个农场（呼和吾素）。1976 年后撤销呼和吾素农场，辖 5 个生产大队，即乌力吉图、巴彦德勒格尔、新宝拉格、额尔敦乌拉和吉布呼郎图生产队。1983 年改革人民公社体制时改为伊和高勒苏木，辖 5 个嘎查。

该苏木社会经济以牧业为主，其他经济生产也有发展。主要牧养黄牛、安格斯改良牛、草原红牛、乌冉克羊、乌珠穆沁肥尾羊、蒙古马、骆驼、山羊等。1999 年末牲畜总头数为 149976 头（只），其中牛 6989 头、马 2079 匹、驴 8 头、驼 150 峰、绵羊 105269 只、山羊 35482 只、生猪 9 口。年繁殖成活仔畜 8.24 万头（只），年出售牲畜 5.99 万头（只）；总牲畜中母畜比重为 66%，良种及改良畜比重为 48.5% 以上。60 ~ 70 年代大办农业时开荒种地，设有呼和乌苏农场，后因广种薄收而撤销。建有网围栏草库伦 62 处、175 万亩，已建棚圈 94 处、55000 平方米，可利用牧用水井 240 眼、机井 9 眼。

伊和高勒为阿巴嘎旗北部中心苏木之一。手工业社组多，门类齐全，有木业、制铁业、牧机修理、皮毡业、民族用品生产及建筑业。乌力吉图嘎查近几年还办起了砖瓦厂。气象部门曾在苏木所在地设立过气候站，有蒙汉小学各 1 所，汉文学校曾开办过初中班。苏木卫生院为中心卫生院，邮电所也是中心邮电所。1991 年建电视差转台，1995 年 10 月开通程控电话。

7. 额尔敦高毕苏木位于新浩特镇东北部。苏木所在地为善达音浩来，距新浩特镇 70 公里，总面积 2100 平方公里，辖 3 个嘎查、113 个浩特。1999 年末有户数 371 户，总人口 1268 人，其中蒙古族 1019 人，汉族 248 人。额尔敦高毕系蒙古语，意为“宝滩”，以境内的戈壁滩命名。解放前属阿巴嘎左旗戈壁巴润苏木。解放后为中部联合旗二苏木所辖。后为西部联合旗二苏木的一部分。1958 年人民公社化后为巴彦图嘎公社的 1 个生产大队。1961 年从巴彦图嘎公社中分出，成立额尔敦高毕人民公社，辖 5 个生产大队、10 个生产队。1962 年调整为 4 个生产大队，取消生产队。1969 年春额尔敦高毕撤销巴彦德拉格尔生产队，将其分别合并到伊和乌苏、那仁宝拉格生产队，从此辖伊和乌苏、那仁宝拉格、巴彦乌拉 3 个生产队。1983 年改革公社体制后为额尔敦高毕苏木，下辖3个嘎查。

该苏木社会经济以牧业为主。主要牧养黄牛、乌冉克羊、安克斯改良牛、山羊、马等。本苏木特点是草场面积大，草场植被好，人均牲畜较多。1999年末有大小牲畜158294头（只），其中牛22441头，马4669匹，骆驼77峰，绵羊111296只，山羊37764只，生猪8口；年繁殖成活仔畜8.27万头（只），年出售牲畜5.97万头（只）；母畜比例为55.8%，良种及改良种畜比例为62.4%。绵羊肉质细嫩，与苏尼特羊相似。有围栏草库伦55.8万亩，已建棚圈91处、14417平方米，可利用牧业水井74眼、机井5眼。苏木所在地建有太阳能电池发电站一处，通有广播电视，1996年8月开通程控电话。

8. 宝格达乌拉苏木位于阿巴嘎旗西北部。苏木所在地驻浩陶高尔音善达，距新浩特镇44公里。土地总面积3000平方公里，辖5个嘎查，150个浩特，1999年有517户，总人口1697人，其中蒙古族1254人，汉族433人。宝格达乌拉系蒙古语，为“圣山”之意，因苏木所在地西3公里处雄伟的宝格达山而得名。解放前属阿巴嘎右旗高勒苏木。1952年为西部联合旗第四苏木（佐）。12月后与阿巴哈纳尔右旗的巴嘎高勒苏木合并，称为二苏木。1950年8月改为西部联合旗四苏木。1955年建立基层政权组织时，辖11个嘎查。1958年成立宝格达乌拉人民公社。1961年缩小人民公社范围时，将巴彦查干公社分出。此时该公社有6个生产大队，13个生产小队。1962年改为5个生产大队，取消生产小队。1983年改制后为宝格达乌拉苏木，辖5个嘎查。

该苏木主要放养黄牛、苏尼特绵羊、乌冉克羊、苏尼特双峰驼、蒙古马、山羊等。1999年末大小牲畜总头数为124983头（只），其中牛9526头，马3767匹，骆驼233峰，绵羊99153只，山羊18304只，生猪7口。年繁殖成活仔畜为8.79万头，年出售牲畜9.6万头（只）；母畜比例为66.45%，良种及改良畜比例为

50%。有围栏草库伦 51 处、155.28 万亩，已建棚圈 164 处、61940 平方米，牧用水井 236 眼、机井 5 眼。1965～1982 年在洪格尔庙一带办过军马场，1960 年在萨如塔拉办过农场，后退耕还牧。宝格达乌拉苏木牧区卫生在全区、全国有名。牧民居住的蒙古包与牲畜卧盘相距较远，车辆用具排列有序，垃圾点远离蒙古包，讲卫生爱美观。上世纪 60 年代曾有外国客人专程来参观过。该苏木的民兵“黑马连”训练刻苦、军事过硬，曾在 1958 年派代表出席过全国民兵大会，受到嘉奖。苏木所在地通广播电视，交通方便，距锡赛公路仅 20 公里，道路平坦，1996 年 8 月开通程控电话。

9. 巴彦查干苏木木位于阿巴嘎旗中部，苏木所在地驻新浩特镇，土地总面积 2860 平方公里。辖 6 个嘎查、192 个浩特。1999 年末有 706 户、2208 人，其中蒙古族 1843 人，汉族 352 人。巴彦查干系蒙古语，为“富饶洁白”之意。解放前属阿巴哈纳尔右旗伊和高勒和巴嘎高勒苏木。1952 年为西部联合旗四苏木，同年 12 月二苏木与四苏木合并为二苏木。1955 年 9 月，为宝格达乌拉苏木所辖。1958 年建立宝格达乌拉人民公社时仍为其所辖。1961 年缩小人民公社时，从宝格达乌拉公社中分设出来建立巴彦查干人民公社，下辖 6 个生产大队、14 个生产小队，1962 年取消生产小队，辖 6 个生产大队。1970 年所属 6 个生产队的名称为巴彦毕力格图、吉尔嘎郎图、巴彦锡力、阿拉坦杭盖、敖伦宝力格和巴彦乌拉。1983 年改革人民公社体制时，改称巴彦查干苏木，辖 6 个嘎查。

该苏木主要牧养黄牛、草原红牛、安格斯改良牛、乌冉克羊、蒙古马、山羊、骆驼等。1999 年末，牲畜总头数 149059 头（只），其中牛 8015 头，马 5019 匹，骆驼 254 峰，绵羊 91940 只，山羊 43831 只。年繁殖成活仔畜 7.68 万头（只），年出售牲畜 5.88 万头（只）；母畜比重 62%，良种及改良畜比重 45.7%。有围栏草库伦58处、46.4万亩，已建棚圈166处、31231平方米，可利用水井146眼、机井11眼，其中20世纪60~70年代，6号机井综合利用率较高，为全区先进典型。1960年大办农业时在巴彦乌拉办过“小农场”，70年代后退耕还牧。70年代在苏木所在地建小学一所，后与旗蒙古族实验小学合并。在70年代大搞草原建设时有牧区建设队，后改称建筑队，80年代后撤销。60年代，手工业有木业社（俗称“小木业社”），70年代与旗木业社合并。还有综合社，主要加工皮毛制品、缝纫、蒙马靴等。因地处旗所在地，牧民收看电视方便，交通较其他苏木方便，呼锡公路横贯全境。

10. 查干淖尔苏木位于新浩特镇西南部。苏木所在地为昌图庙，距新浩特镇60公里。土地总面积3299平方公里，有11个嘎查、280个浩特。1999年末户数1180户，总人口4411人，其中蒙古族2533人，汉族1864人。是全旗面积最大，人口最多的苏木。查干淖尔系蒙古语，意为“白色的湖”。以苏木西南的查干淖尔湖得名。解放前属阿巴嘎右旗南一至四苏木。1949年成立西部联合旗后为该旗三苏木。1952年6月中西部联合旗合并后仍为西部联合旗三苏木（三佐），1955年建立巴嘎基层组织时，查干淖尔苏木辖13个巴嘎。1958年人民公社化后为查干淖尔人民公社，同年将苏木南部划出一部分成立巴彦德勒格尔合营牧场。1961年时辖9个生产大队、18个生产小队，1962年调整为13个生产队。1966年将乌兰敖都、胡吉勒图生产队划归巴彦德力格尔牧场管辖，将沙如拉图亚生产队划归巴彦高勒公社管辖。1970年辖9个生产队（阿拉坦图亚、那仁宝拉格、达布希拉特、查干淖尔、巴彦淖尔、乌兰图亚、乌兰图嘎、巴彦宝拉格、乌日根生产队）和1个公社牧场。查干淖尔建有渔场。1971年夏将阿拉坦图亚生产队分为阿拉坦图亚和淖干锡力两个生产队。1981年将达布希拉图生产队分为乌兰宝拉格和达布希拉图两个生产队。

该苏木主要牧养黄牛、草原红牛、安克斯牛、西门塔尔、短角牛、内蒙古细毛羊、马、骆驼、山羊等。1999年末牲畜总头数为206083头（只），其中牛22441头，马4669匹，驴19头，骆驼417峰，绵羊112593只，山羊65944只，生猪19口。年繁殖成活各种仔畜12.89万头（只），出售牲畜13.19万头。母畜比重为72.58%，其中母牛达10864头，良种及改良种畜为39%。有围栏草库伦56处、面积193.2万亩，已建棚圈164处、36762平方米，可利用水井1008眼、机井9眼。该苏木1953年在全旗最早成立特木尔牧业互助组。乌兰图嘎嘎查从1954年就引进良种牲畜搞牛的改良及绵羊改良。50年代末在查干淖尔旁办过查干淖尔农场，60年代又在昌图庙南办过小农场、饲料基地。1965年国家计委曾派人到该苏木蹲过点。50~60年代查干淖尔苏木办过土法生产的乳粉厂，生产乳粉半成品和干酪素。1972年建起直火加热半机械化乳品厂，曾为全区先进单位，召开过全国乳品现场会。

查干淖尔苏木手工业和社队企业发展较快。60~70年代有牧业社、综合社、皮毛加工、铁制农牧机具加工厂，苏木所在地是全旗苏木级人口最多的小集镇。70年代在昌图庙南建立旗第二中学，80年代成立旗蒙古中学时迁至新浩特镇。苏木有蒙、汉文小学各1所。苏木驻地商业、供销网点较多，有小集市贸易市场、中心卫生院、邮电所、兽医站、信用社、银行营业所、石油供应站和农牧机具供应点，各级服务机构较为齐全。通有广播、电视，1996年12月开通程控电话，交通方便、道路四通八达。

11. 巴彦德勒格尔苏木位于新浩特镇南部，苏木驻地干其毛都距新浩特镇105公里。总面积908平方公里。辖五个嘎查、89个浩特。1999年末有524户，总人口1854人，其中蒙古族1146

人，汉族686人。巴彦德勒格尔系蒙古语，为“丰盛”之意。解放前属阿巴嘎右旗南二苏木。1949年成立西部联合旗后为三苏木的一部分。1958年亚干锡力建立公私合营巴彦德力格尔牧场，1966年查干淖尔公社乌兰敖都、胡吉勒图两个生产队划归牧场，1970年时设乌兰敖都、胡吉勒图、亚干锡力、巴彦乌拉4个分场。1972年成立农分场（因建立万亩灌区，从呼和乌素农场调去农工），共建为5个分场。1979年经锡林郭勒盟行署批准，巴彦德力格尔牧场改为巴彦德力格尔公社，农牧场改名为巴彦德力格尔草籽繁殖场。1983年改称巴彦德力格尔苏木，下辖5个嘎查。

该苏木主要放养黄牛、内蒙古细毛羊、马、山羊等畜。1999年末牲畜总头数为43147头（只），其中牛7883头，马1130匹，骆驼66峰，绵羊25338只，山羊28422只。年成活仔畜3.16万头，出售牲畜3.85万头（只）。母畜比重为62%，已建网围栏草库伦103处、70.2万亩，已建棚圈148座、15980平方米，可利用水井494眼、机井2眼。

1972年后阿巴嘎旗战备办公室在巴彦德勒格尔苏木建立小“三线”(三线按当时搞战备划分。一线指边境公社,二线指中北部公社,三线为南部公社)战备基地,在干其毛都建有战备卫生院,苏木南部沙丘地建有战备粮库、供销社仓库等。苏木所在地建有小学1所,其他服务机构设施齐全,有广播电视、程控电话。南部沙丘地带机动车行驶困难,交通不便,靠勒勒车或骆驼运输。

12. 洪格尔高勒苏木位于新浩特镇东南部，苏木人民政府驻杨都庙，距新浩特镇141公里，总面积1465平方公里。辖8个嘎查、103个浩特。1999年末有949户，总人口3110人，其中蒙古族1952人，汉族1135人。洪格尔高勒系蒙古语，意为“可爱的河流”。解放前属阿巴嘎左旗巴润（西）苏木。1952年为西部联合旗五苏木（佐）。1955年建立基层巴嘎政权时辖有9个巴嘎。时称巴彦高勒苏木。1958年成立巴彦高勒人民公社，下辖3

个生产大队，1961年为7个生产大队、13个生产小队，1966年将查干淖尔公社的萨如拉图亚生产队划归巴彦高勒公社，1970年时辖有7个生产队。1983年人民公社体制改革时，改称巴彦高勒苏木，下辖7个巴嘎。

该苏木主要牧养黄牛、安克斯改良牛、乌冉克羊、内蒙古细毛羊、骆驼、山羊、马等。1999年末有大小牲畜总头数为93229头（只），其中牛13842头，马2632匹，骆驼79峰，绵羊48254只，山羊28422只，生猪40口。年繁殖成活各种仔畜6.14万头（只），出售牲畜7.09万头（只）。母畜比重占72.4%，良种及改良畜比重占26.4%。有围栏草库伦688处、68.67万亩，已建畜棚641处、24749万平方米，可利用水井483眼、机电井3眼。境内有著名的乌里雅斯台风景区，有河流穿过，河岸两旁长有茂密的天然森林，主要有杨、榆、桦、柳等，大量的黄柳可发展柳编，产柳笆、阿篓（用柳条编就，用以盛装物品的用具，一般用于拣拾牛粪）、奔克尔（用粗柳编就，状如小房子，用以存放物品的仓库，便于搬迁，牧区较为多见）、筐子等。在高格斯台河上建有小型水电站一处，洪格尔高勒苏木所在地居民是全旗各苏木所在地最早用上水电照明、生产的地方。苏木所在地手工业社组较多，有木业、铁制品加工、牧机修理、鞋靴生产、皮毛制品加工等，还有建筑队为牧区建设服务。商业饮食业网点也多，与锡林浩特——宝昌公路毗邻，通过灰腾河车站可直通内地，交通较方便。由于地处沙丘地带，有的地方机动车难以通行，勒勒车和骆驼为主要交通工具。苏木与嘎查通电话是全旗各苏木最早的。1997年12月开通程控电话。有地面卫星接收站、通广播电视。在杨都庙曾设有气象站一处，有蒙、汉学校各1所，曾设置中学班。

13. 德勒格尔苏木位于新浩特镇东南部。苏木所在地为哈日阿图，距新浩特镇80公里，土地总面积1200平方公里，辖4个嘎查、50个浩特。1999年末有432户，总人口1731人，其中蒙古族1372人，汉族359人。德勒格尔系蒙古语，其意为“广”。解放前属阿巴嘎左旗南五苏木的一部分。1952年为西部联合旗五佐的一部分，1955年属巴彦高勒苏木的一部分。1958年建立巴彦高勒人民公社后属巴彦高勒公社。1961年缩小人民公社范围时，设汗乌拉人民公社，下辖5个生产大队、8个生产队。1963年减少1个生产队。1985年更改地名时改为德勒格尔苏木，辖嘎查4个，并将原农场改为灰腾高勒嘎查，划归洪格尔高勒苏木管辖。

该苏木主要牧养黄牛、安克斯牛、草原红牛、安蒙黑牛、西门塔尔、内蒙古细毛羊、乌珠穆沁羊、山羊、骆驼、马等。1999年末大小牲畜总头数为98005头（只），其中牛9754头，马1603匹，骆驼109峰，绵羊57642只，山羊28897只，年繁殖成活仔畜5.05万头（只），出售牲畜3.68万头，牲畜母畜比重为65.76%，良种及改良畜比重为40.4%。本苏木是利用安克斯牛与蒙古母牛冷冻精液配种改良的重点苏木，培育出大量一、二代安蒙黑牛。有围栏草库伦166处、面积39.99万亩，已建棚圈132处、310284平方米。可利用水井301眼。在60年代大办农业时建立起汗乌拉农场，并曾修过扬水站，后因达不到效益，农牧矛盾，广种薄收，在80年代退耕还牧，改为灰腾河嘎查后划归洪格尔苏木管理。

德勒格尔苏木石灰石矿产丰富，从70年代后期德勒格尔苏木为旗有关部门定为牧机修理、风力发电、提水、永久性棚圈建设、打贮草试点地区，从而促进了牧业经济的发展。苏木驻地有蒙汉小学1所。商业、饮食服务业网点多。因临近锡宝公路灰腾河车站，距锡林浩特只有60公里，所以交通方便。有广播电视及其他服务性设施。

14. 浑迪乌素苏木位于新浩特镇东南部，苏木所在地为浑迪乌素。距新浩特镇 65 公里，总面积 330 平方公里，辖 3 个嘎查、48 个浩特。1999 年末有 357 户，总人口 1043 人，其中蒙古族 172 人，汉族 841 人。浑迪乌素系蒙古语，为“山间平川之水”之意。解放前属阿巴嘎左旗南五苏木和阿巴嘎右旗四苏木的一部分。1956 年在恩格尔哈沙图建立公私合营巴彦塔拉牧场。1959 年扩建为国营巴彦塔拉农场，并大量招收农工，引进农业机械，进行机械化开荒种粮，为旗县级单位，受盟直接管理。“文化大革命”中下放至旗管理。1970 年时有 4 个分场，1974 年撤销 1 个分场。1979 年划归锡林郭勒盟农管局管理并停止种粮，改为牧场。1983 年锡林郭勒盟农管局将其下放给阿巴嘎旗管理。1984 年，经锡林郭勒盟行署批准改体制为巴彦塔拉苏木。1985 年，由于所在地搬迁，改名为浑迪乌素苏木。

该苏木主要牧养黄牛、安克斯牛、草原红牛、内蒙古细毛羊、乌冉克羊、山羊、马等。1999 年末有大小牲畜 42717 头（只），其中牛 2072 头，马 396 匹，绵羊 30708 只，山羊 9506 只，年繁殖成活仔畜 2.83 万头（只），出售牲畜 2.4 万头（只），牲畜母畜比重为 72%，良种及改良畜比重为 42.3%。有围栏草库伦 18 处、34.4 万亩。已建棚圈 132 处、10331 平方米。可利用牧井 113 眼。浑迪乌素苏木是全旗面积最小，单位面积载畜量最高的苏木。

1960 年大办农业时，以农为主，建立大型机械化农业生产基地，职工从锡林郭勒盟南部旗县、乌兰察布盟乃至全国各地招工而来，职工人数最多时有 1200 多人，耕地面积最大时为 6.45 万亩，粮食产量曾达 277.3 万斤，后因十年九旱，广种薄收，粮食产量下降。70 年代下放到旗管理后，搞退耕还牧；未改苏木前，对牧工承认职工身份，分给牲畜让其自有自养，调动了牧工的生产积极性，使牲畜头数迅速发展。在 60～70 年代引进优良种畜，搞牲畜改良，曾培育出草原红牛和内蒙古细毛羊。

第二章　阿巴嘎旗人民生活的变化

第一节　人民生活的巨大改善

长久以来，阿巴嘎旗牧民一直过着游牧生活。套马杆、勒勒车、蒙古包“三大件”是牧民当时经济生活简单便利的真实写照。他们以奶茶、乳、肉、炒米为主要食品。生产方式落后，牧民生活困苦。牧民家里几乎没有被褥，只铺毡或皮子，晚间和衣而眠。

而在民国时期，牧民生活陷入更加穷困悲惨的境地。如以牲畜换取各种日用品，当时一只三岁羊只能换得一块砖茶。旅蒙商人骗取大量的牲畜和畜产品，广大牧民生活愈加贫困。

解放后，牧区实现牧场公有，牧民们自愿组织起来，走互助合作道路，大力发展畜牧业生产，牲畜和畜产品产量连年增加，牧民的生活普遍开始好转。党和国家对少数民族地区采取优惠政策，保证少数民族特需用品的供应。牧民的主食除肉食、奶食品外，白面、挂面、糕点能基本满足供应。在衣着方面，商业供销部门根据牧民衣着特点，注意抓好绸缎、布匹的花色品种供应与销售。在棉花、布匹凭票证供应时，对牧民增加定量，满足其需要。同时还实行售畜产品奖励布票、棉花票的政策。中华人民共和国成立后，牧民生活水平逐步提高。上世纪 60 年代开始搞定居轮牧建设，盖土坯房；70 年代后建砖瓦房，家家户户购置被褥、毛毯等；80 年代以后，牧民定居房建设得如同城镇一样，内部厅室设计合理，家具新颖，日用品追求高档，并购置摩托、吉普车，交通状况大为改观。

1960年，阿巴嘎旗人民公社社员每个劳动日分值为1.25元，人均年收入为237元。1983年，社员的劳动分值为每个劳动日2.19元，比60年代几乎增长一倍，牧民年人均收入553元，比60年代增长1.33倍，平均每年递增1.3%。1989年牧民人均年收入突破1000元。1990年牧民人均年收入1350元，比1983年增长1.44倍，平均每年递增13.6%。1995年牧民人均年收入2126元，1999年牧民人均年收入3128元，比1990年增长1.32倍，平均每年递增23.7%。

解放前，阿巴嘎旗没有工商企业，仅有一些个体文教卫生及饮食服务人员，人数极少，收入微薄，生活十分贫困。中华人民共和国成立后，国家实行计划经济和低工资、高就业的政策，随着生产的发展，在粮食、主要副食品及日用消费品的供应上实行定量和凭票证供应，基本上满足了城镇居民的生活需要。中共十一届三中全会以后城镇居民生活水平日益提高，特别是进入90年代后，城镇居民的衣食住行不断向高标准发展，用于文化娱乐等精神生活的费用逐步增加，居民家庭消费趋于多元化。

对全旗50户城镇住户的抽样调查显示，1990年城镇居民生活费用支出情况如下：食品消费占全部消费支出的49.8%；衣着消费占11.5%；家庭用品消费占6.9%；书报杂志支出占0.4%；医疗保健支出占2.6%；居住支出占2.5%。1999年城镇居民生活消费支出情况如下：食品消费占全部消费支出的28.6%；衣着消费占12.8%；家庭用品支出占3.2%；书报杂志占9.9%；医疗保健支出占3.9%；居住支出占14.8%；交通通讯支出占9.3%。1999与1990年相比，城镇居民用于医疗保健、娱乐、文化教育、住房改善等方面的支出明显增加，1990年城镇居民67.8%的消费支出用于衣食方面，1999年城镇居民用于衣食消费支出为41.4%。比1990年降低26个百分点。

1957 年全旗有职工 664 人，年平均工资 697 元；1970 年有职工 2301 人，年平均工资 653.9 元；1980 年有职工 4080 人，年平均工资 953 元，比 1957 年增长 36.7 %，平均每年递增 1.4%；1985 年末有职工 4536 人，年平均工资 993 元，比 1980 年增长 4.19%，平均每年递增 0.8%；1990 年末职工人数 5178 人，年平均工资 1605 元，比 1970 年增长 145.4%，平均每年递增 8%；1995 年末职工人数 5369 人，年平均工资 3545 元；1999 年末职工人数 3540 人，年平均工资 6401 元，比 1990 年增长 298.8%，平均每年递增 16.6%。

人均收入从 1986 年到 1990 年逐年增加，1986 年人均收入为 640.3 元，1990 年达 808.77 元，增长 26.3%，平均每年递增 4.8%。1999 年城镇居民人均收入 3369 元，比 1990 年增长 316.6%，平均每年递增 17.1%。

第二节　国民经济计划的完成

1949～1952 年阿巴嘎旗国民经济计划的制定，完全按照上级指令，对各单位下达年度生产计划、季度工农牧业生产计划，并组织实施。

1952 年，阿巴嘎旗人民委员会提出 1953 年全旗国民经济发展计划指标。年底各项计划指标均完成或超额完成。牲畜总头数达 41.4 万头（只），比 1949 年增长 49%，平均每年递增 10.5%。工业总产值达 19.7 万元，比 1949 年增长 7.6%。

阿巴嘎旗“一五计划”（1953～1957 年）的制定是按照牧区“以牧为主”的方针，优先发展畜牧业生产，并对供销合作社、手工业社组的社会主义改造实行指令性计划，通过加工订货、发放专业借款、预付定金和制定价格等措施，使其逐步纳入计划轨道进行监督和管理。五年间全旗工业总产值增长2.12倍，牲畜总头数增长48%，各项经济指标和社会发展计划指标均在1957年末如期完成。

第二个五年计划（1958~1962年）的初期，阿巴嘎旗同全国一样进入“大跃进”的经济“过热”时期，脱离实际的行政命令代替计划，盲目地上了一些生产项目，如大办农业、四处开荒种地、开铁矿大炼钢铁等，同时在“以牧为主”的前提下，发展了煤炭、电力（柴油机组发电照明）、乳粉粗加工、金属制品工业与修理业等工业。“二五”计划累计完成工业总产值790.5万元，比“一五”计划增长3.93倍。1962年全旗牲畜总头数达83.06万头（只），比“一五”期末增长34.08%，平均每年递增6.1%。

1963~1965年是三年国民经济调整时期。

第三个五年计划（1966~1970年）只制定了农牧业及工业基建年度计划，并转发了锡林郭勒盟计委零星下达的基建物资计划。从1963~1966年，全旗机械化试点总投资468.26万元，占同期全旗基本建设计划总投资的69.8%，建起了机械化设备较先进、完善的拖拉机修配厂和两个机械化国营服务站。牧业机械拥有量成倍增长，实现了打贮草、剪毛、提水、运输机械化或半机械化。1965年夏季全旗牲畜总头数突破百万头大关，达到105.9万头（只），1967年牲畜总头数达112.39万头（只），比1965年增长6%。1970年全旗工业总产值达到97.91万元，比1965年增长32.1%，平均每年递增5.7%。

第四个五年计划（1971~1975）时期，阿巴嘎旗生产建设部计划组制订了《阿巴嘎旗第四个五年国民经济计划（草案）》和各年度国民经济计划，并负责组织实施。第四个五年计划期间，全旗累计完成工业总产值970.44万元，比第三个五年计划增长1.45倍，平均每年增长19.7%。1975年全旗牲畜总头数达到107.24万头（只），比1970年增加17.05万头（只），平均每年递增3.5%。累计完成基本建设投资774.14万元，比“三五”计划期间增长2.6倍，平均每年递增29.2 %。新建和扩建了煤矿、发电厂、乳品厂等一些小型骨干企业。

1975年，阿巴嘎旗计划委员会制订《1976～1980年阿巴嘎旗第五个五年计划》、《阿巴嘎旗1978～1985年农牧林规划设想》和《阿巴嘎旗1985～1987年城市经济建设规划》，重点加强畜牧业和轻工业。“五五”计划期间累计完成工业总产值1419.01万元，比“四五”期间增长46.22%，平均每年递增7.9%；累计完成基本建设投资1347.59万元，比“四五”期间增加7408%，平均每年递增11.7%。新建和扩建了食品冷库、巴彦高勒水电站、24个牧区草原建设点、社办牧机修配点等项目，使定居建设和畜产品加工进一步扩大。由于1977年遭受百年不遇的大雪灾，1978年全旗牲畜总头数降至31.8万头（只），仅为1977年百万头（只）牲畜的29.7%。

第六、第七个五年计划（1981～1990年）的制定，体现了牧区“草畜双承包”生产责任制及城镇经济多种经营承包制原则，同时把加强基础设施建设、计划生育列入五年计划及各年度计划内。

1980年8月旗计划委员会制定《阿巴嘎旗第六个五年计划》。到1985年末全旗农业总产值达2101.28万元，比1978年增长76.23%，七年中平均每年递增8.4%；“六五”期间累计完成工业总产值1526. 65万元，比“五五”计划增长7.5%；累计完成基本建设投资1032.31万元。1985年夏季牲畜总头数达到85.43万头（只），比1980年同期增长35.8%，平均每年递增6.3%。

1985年10月，旗计划委员会制定《阿巴嘎旗1986～1990年第七个五年计划及到1995年第八个五年计划的奋斗目标》。执行的结果是到1989年，全旗提前实现了旗党委六届二次会议提出的“工业总产值、财政收入、牧民人均收入”的“三项奋斗”目标。1989年阿巴嘎旗工农牧业总产值达4271.68万元。其中工业总产值达1307.6万元；牲畜总头数又一次超百万头（只），达到了106.07万头（只）；财政收入382.8万元，自给率达21.8%；牧民人均纯收入1109元。

1990年末全旗社会总产值为10032万元，五年累计完成工业总产值4774.8万元，比1985年增长2.12倍，平均每年递增25.6%；农业总产值5425万元，比1985年增长1.58倍，平均每年增长20.9%；五年累计完成基建投资1857.08万元，比“六五”期间增长79.9%，平均每年增长12.4%；牲畜总头数117.8万头（只），比“六五”期末的1985年增长37.9%，平均每年递增6.6%；财政收入489万元，总支出1766万元，自给率为27.7%；牧民人均纯收入1350元，比1985年增长1.87倍。

1995年“八五”期末，阿巴嘎旗国民生产总值达到1.867亿元，比“七五”期末增长157.7%，工农牧业总产值达到1.21亿元，比“七五”末增长1.7倍，牧民人均纯收入2126元，财政收入达到831万元，全旗累计完成固定资产投资3376万元，比“七五”时期增长42.1%。

1994年9月，阿巴嘎旗计划委员会制定1996～2000年“九五”计划，至1999年，全旗生产总值31583万元。其中工业总产值达2239万元，牲畜总头数245万头（只），牧民人均纯收入3122元，财政收入1786万元。

到2005年，阿巴嘎旗国民生产总值83934万元，同比增长31.9%；固定资产投资76282万元，同比增长81.6%；财政收入完成5071万元，较上年增长116.5%；城镇居民可支配收入6043元，农牧民可支配收入3638元。

第三节　改革开放在阿巴嘎旗

1996～1998年，阿巴嘎旗政府先后组团赴京、津、冀、鲁、辽、黑、吉等地学习考察，与中信澳大利亚公司、北京万联公司、包头鹿苑公司以及三河福成、内蒙古兴发等集团进行了经贸合作洽谈，累计达成协议项目103个，意向投资7702.44万元，实施项目70个，实际到位资金3898.2万元，引进境外资金90.02万美元。同时，通过参与锡林郭勒盟肉食品展销，编印《阿巴嘎风情》画册加强宣传报道。1998年，圆满完成了纪念北京知青下乡三十周年纪念活动的联络、组织和接待工作。累计接待北京知青600余人次，并以此为契机，促进对外开放和招商引资工作。1999年，在畜牧业、矿产资源、草原旅游业、肉食品开发等方面开展招商引资活动。补充完善了38个招商引资项目，争取到了浑善达克沙地生态治理项目，与北京中建科实业有限公司在草原综合开发上达成协议。全年共达成协议25项，意向投资3892万元，实际实施项目21项，到位资金2156万元，直接利用区外资金953万元，境外资金27万美元。

中华人民共和国成立以前，阿巴嘎旗由于地广人稀、交通不便、生产方式落后，畜牧业经济单一，处于简单再生产的自然经济状况。广大牧民所需的生产、生活资料大部分通过旅蒙商“以物易物”的形式进行商品交换，各类商品、产品价格及比价无评审机构进行管理，致使不等价交换的现象严重且长期得不到扭转。

解放初期，阿巴嘎旗人民委员会采取平抑物价措施，稳定粮油价格，对畜产品采取平价收购。1959年，对部分牧副产品价格进行调整，比1958年上调1%。1960～1963年，对畜产品价格有计划地调整，平均每年以1.2%的幅度递增。1972年，改良羊收购价格上调20%，其他牧副产品价格上调18%。1979年以后，粮油收购价进行调整，肉、禽、蛋、奶、水产等8种副食品消售价提高。1981年，化纤品、手表、收音机、电子产品及其他部分耐用消费品价格降低。1984年以后，逐步放开蔬菜销售价格。1986年畜产品价格上调44%。1990年，一些非商品价格大幅度提高，理发、照相、电影票、医院挂号、中小学书杂费等比1978年平均上升240%。是年，邮政资费、公路货运价也大幅度提高。1992年，对畜产品价格进行调整，实行开放价格。1999年与1991年比，毡制品价格提高86%，乳制品价格提高38%。

1998年，灰腾河地区的两处畜产品交易市场挂牌运行。这是两处以个体经营为主的小型活畜、畜产品交易市场，每处占地面积5000平方米，集饭馆、旅店、停车场、车库、牲畜棚圈、饲草料及活畜装卸台于一体。至1998年12月15日，中转交易活畜50000头（只），交易额达1800万元。

第四节　国民生产总值及各部类的发展

按1980年不变价计算，阿巴嘎旗的社会总产值1978年为2484万元，按现行价计算为2495万元，相差0.44%。1985年全旗社会总产值按1980年不变价计算为3935万元，现行价为5669万元，相差44.07%。这说明1985年有涨价因素存在。1988年，按不变价格计算全旗社会总产值为5848万元，按现行价格计算为12545万元，相差1.14倍，说明1988年物价最高。1990年全旗社会总产值按1980年不变价计算为6368万元，比1988年增长8.89%，平均每年递增4.4%；而按现行价格计算达10032万元，比1988年下降20.1%，与不变价格计算的社会总产值相差

57.53%，说明1988年后物价涨幅有所回落。

一、工农牧业总产值

农牧业总产值是从1978年开始计算的。按不变价计算，1978年全旗工农牧业总产值为1456.58万元，1985年达2472.78万元，增长69.77%，平均每年递增7.8%；1990年为4633.3万元，比1985年增长87.37%，平均每年递增13.4%。工业总产值在工农业总产值中的比重，1985年为15.02%，1990年上升到31.9%。1995年，工农牧业总产值12204.3万元，工业产值1617万元；1999年，工农牧业总产值21355.1万元，工业总产值3527万元。

阿巴嘎旗是从1984年开始计算国民收入的，有两种价格计算办法。一是1980年按不变价计算。1978年全旗国民收入为1484万元，其中农业947万元，占63.81%；商业、饮食业收入269万元，占18.12%；使用额为1899万元，其中消费总额1418万元，占74.67%，人均消费水平251元。到1990年，全旗国民收入3530万元，其中农业收入2539万元，占71.93%，商业、饮食业收入460万元，占13.03%，工业收入364万元，占10.3%，比重有所提高。国民收入使用额为3747万元，其中消费额2431万元，占64.87%，人均消费水平419元，比1978年提高66.9%。二是按现行价计算的国民收入。1978年全旗国民收入1488万元，比1980年的不变价高0.27%，其中农业收入947万元，占63.64%；工业收入123万元，占8.26%；商业、饮食业收入269万元，占18.08%；国民收入使用额1899万元，其中消费总额1418万元，占74.67%，人均消费水平251元；财政收入54万元，财政支出为764万元，自给率仅为7.07%；1990年全旗国民收入5787万元，比1980年不变价高出63.94%，其中农业收入4362万元，占75.37%；工业收入438万元，占7.57%；

商业、饮食业收入766万元，占13.23%；国民收入使用额6244万元，其中消费总额4051万元，占64.87%，人均消费814元，比1978年提高2.24倍；财政收入489万元，比1978年增长8.05倍，年均增长19%；财政支出1766万元，自给率为27.7%，提高了20.63%，支出比1978年增长1.31倍，年均增长7.20%。

二、国民生产总值

阿巴嘎旗是从1984年开始计算国民生产总值的。采取1980年不变价和当年现行价两种办法计算。1984年以前的国内生产总值是根据资料推算出来的。

1978年全旗生产总值（按1980年不变价计算）为1805万元，其中第一产业985万元，占54.57%；第二产业253万元，占14.02%；第三产业567万元，占31.41%。到1990年，全旗生产总值达4287万元，其中第一产业2725万元，占63.56%；第二产业460万元，占10.73 %；第三产业为1102万元，占25.71%。这说明第一产业在全旗生产总值中仍占60%以上。1999年，全旗生产总值（按1990年不变价计算）19981万元，其中第一产业13214万元；第二产业1897万元；第三产业4870万元。三类产业比值为64:9:24。

到2005年，牧业年度牲畜总数达186.4万头。全旗建有牧畜棚圈47万平方米，水源井4200眼，高产饲草料种植面积1.9万亩，打草场500万亩，使过冬春的牧畜全部实现了棚圈化舍饲、半舍饲。牧业用大中型拖拉机181台，小四轮拖拉机1453台，打草机749台，搂草机719台，捆草机92台，柴油机314台，农用运输车107辆，农机总动力达到37454万千瓦，农机机械总值3626.6万元，在交通运输、打贮草等方面基本实现了机械化和半机械化，并逐年加大休、禁 、轮牧工作力度。2005年有12个苏木（镇）、80个嘎查实行春季休牧，休牧草场3870万亩，占草场总面积的95.5%，涉及4750个牧户、89.8万头（只）牲畜；在8个苏木的31个嘎查实行全年禁牧，禁牧草场184.05万亩，占草场总面积的4.5%，涉及605个牧户、10.13万头（只）牲畜；在9个苏木的37个嘎查实行轮牧，轮牧草场755万亩，涉及670牧户、21.63万头（只）牧畜。目前全旗建有三处奶牛养殖基地和一处养殖场、5个标准化奶站，存栏奶牛1665头，日产鲜奶8.8吨。2005年安置生态移民140户、700人。

2005年注册各类工业企业19家，上规模的工业企业9家，资产总计7512万元，企业职工1027人。实现工业产值2865万元，同比增长86.7%；工业项目固定资产投资完成21140万元，同比增长485.3%。主要产品产量：活畜加工45.5万头（只），生产铁矿石41万吨、煤炭35万吨，供电2004万度，自来水38万吨，矿泉水500万瓶。

阿巴嘎旗的基本建设从1954年开始，由国家投资2.6万元建行政机关办公室和职工宿舍。从1954～1990年的36年间，全旗固定资产投资6176.83万元。按固定资产投资构成分，用于生产性投资资金累计3011.68万元，占总投资的48.76%万元；非生产性投资占51.24%。按固定资产投资行业分，用于地方工业投资925.98万元，占总投资的14.99%；用于农牧林水投资1459.94万元，占23.635%；用于交通、邮电投资646.64万元，占10.5%；用于商、贸、粮等部门投资762.39万元，占12.34%；用于文教、卫生、体育、广电等部门投资1030.83万元，占16.69%；用于金融、保险事业投资188.75万元，占3.06%；用于行政事业投资1106.28万元，占17.91%。1990年以后固定资产投资逐年增加，基础设施建设不断增大。1994～1999年的6年间，全旗固定资产投资累计完成1.27亿元。其中基本建设投资较大的行业有：电力、邮电、交通、畜牧业、水利、住宅等。对经济和社会发展以及人民生活有影响的大项目有：无电苏木通电工程、苏木程控电话工程、新浩特镇市场扩容工程、有线电视工程、乡村公路工程、改善办学条件基建公程、草原示范项目二、三期工程、“380”人畜饮水工程、统建住宅及部门自建住宅工程、新浩特镇镇容镇貌改造工种及供水工程等。2005年，全年固定资产投资完成75000万元。

第五节　牧民生活的变化

一、合作社期间

1940年，阿巴嘎左旗牧民集资（牲畜）在杨都庙成立合作社，并在阿尤勒海庙设分社，社员共计近20人。合作社的经营办法是用牧民集资的牲畜赶到张家口、多伦和察哈尔农区交换牧民群众所需物品。集资入股从利润中分期逐步偿还。

1943年阿巴嘎右旗在宝格达乌拉山南麓以牧民自愿集资的形式，集资大畜5000千头，小畜10000万只，建立合作社。1943年阿巴哈纳尔右旗在汗贝庙建立合作社。

1948年9月（民国37年），图德布等人在西部联合旗赛汉图门筹建了本旗第一个牧民合作社，是本旗历史上首次出现的集体商业。消费合作社成立时牧民以牲畜入股的形式参加，入股牲畜达2500多头（只），商品交换还是初级阶段，一般是以物易物，用生产资料和牧民生活日用品换取牧民牲畜，以此作为合作社的流动资金。当时供应的主要商品有火柴、蒙马靴、棉布、毛巾、袜子、肥皂、棉花、香烟、酒、食糖、砖茶等。1949年6月24日，曾组织131辆牛车，将29252斤绒毛运往张家口一带，换米面27756斤和部分日用品，解决了因国民党军事封锁造成的牧民缺吃少穿的困难问题。

1949年，西蒙贸易公司派出两个供应组带商品深入阿巴嘎草原，为牧民服务。为了改变牧区落后的商业面貌，人民政府实施“保护民族工商业”的政策。允许个体商业者存在，同时加速发展国营和供销合作商业以占领市场、平抑物价。

1949年春天，人民政府代表骑马深入到牧民家，广泛宣传建立供销合作社的意义，动员牧民加入合作社，使群众入股的积极性空前高涨，在较短的时间内，入股牲畜达2，500多头（只）。

1950年，在民族经济恢复时期发展初级贸易市场，收购牲畜和畜产品，搞物资交流，同旅蒙商争夺市场阵地。同时组织牧民、干部和居民集资入股，在兴办合作商业（供销社）中发挥了重要作用。

二、供销合作社期间

阿巴嘎旗供销合作社的前身是消费合作社。1950年成立，1951年召开了第一次社员代表大会，同时决定从实现利润中拿出一万元（内蒙币）支援抗美援朝。此时西蒙贸易公司派驻本旗的两个营业组也被移交给供销社，牧民合作社与其合并。当时全旗的社会商品零售额为14.2万元，农牧及副产品采购额为21.3万元。

1952年，中部联合旗供销社与西部联合旗供销社合并。全旗组建商业网点门市部7个、营业组2处，入股社员5194人，股金达14万元。

1953年，开始进入大规模的社会主义改造时期，号召私营工商业者、牧民加入合作社，商业走合作化的道路。

1954年，旗供销社召开第二届社员代表大会，通过决议用社员股金分红购买了一辆吉斯150机动车，是本旗历史上最早的一辆机动车。

1957年，全旗私营工商业的社会主义改造基本完成。年末供销合作社社员发展到6789名，占当时全旗总人口的64.34%。社员股金发展到14.8万元。商业、饮食服务业有职工208人，占全旗职工总数的31.33%。全旗社会商品零售额达237万元，比1950年增长15.69倍，平均每年递增42.1%。农牧及其副产品采购额达215.6万元，比1950年增长9.12倍，平均每年递增33.6%。

供销合作社是阿巴嘎旗的主要商业企业，在解放后的20多年中，一直是沟通本旗城乡物资交流的主要商业渠道。1958年以前，全旗供销合作社在国家有关方针、政策指引下，在社员民主管理的监督下，有较大的自主权。财务上实行独立核算、国家征税、自负盈亏，经营成果直接与社员的经济利益挂钩，同广大社员的关系十分密切。因此，牧民十分亲切地称供销社为“马乃供销社”（我们的供销社）。当时根据牧区“不分不斗、不划阶级”和“牧工、牧主两利”的政策，在吸收社员入股方面除被剥夺公民权利者外，不分阶层、职业、性别、宗教信仰，只要缴纳一股股金（亦可分期缴纳），即为合作社的一名社员，享受平等的权利。入股采取股额低、股数多的办法（最少一股，多者不限）。最初牧民主要以牲畜入股（每股蒙币6元，后改为人民币4元）。在业务经营上，除按国家计划完成规定品种（羊毛、羊绒、驼毛、牛皮、羊皮、耕畜、菜牛、菜羊）的收购任务外，还可根据社员和市场需要，多渠道开展自营业务（当时的经营范围包括工业品、牧副产品、土特产品、粮食、食品加工、木材、医药、图书等），实际上是在粮食、食品、医药、手工业、物资部门未成立前，承揽着这些部门的业务，真正起到了把牧民需要的生产资料和生活必需品送到乡下，再把牧业生产的各种牲畜和畜产品以及本地土特产品收上来，运送到城市，满足工业生产和出口需要的作用，既满足了牧民群众生产生活的需要，又促进了城乡物资交流，支援了国家的社会主义建设；在商品供应中，重视民族特需用品，如砖茶、炒米、蒙古包、蒙马靴、绸缎等的供应，优先安排、优先满足牧民的需要；在管理上，实行社员代表大会制度，社员有选举权和被选举权，社员代表大会的执行机关是理事会的理事和监察机构监事会的监事，它由社员代表大会选举产生。凡重大问题均由社员代表大会讨论决定；在和国家的关系上，供销社向国家缴纳所得税，国家承认供销社独立经营的地位，并从各方面给予支持和优待；在上下级社的关系上，上级社为下级社服务，并指导下级社的业务活动，下级社向上级社负责，按社章规定向上级社缴纳一定数额的股金，成为上级社的社员，根据经营利润情况定期给社员分红。

在第一个五年计划期间（1953—1957 年），全旗供销合作社一方面积极扩大购销业务，组织工业品下乡，促进牧业增产，支援国家工业化建设；另一个方面又围绕牧业合作化运动这个中心，积极促进牧业、手工业和牧区私营商业的社会主义改造，引导它们通过互助合作形式，逐步走向集体化。

短短的几年，阿巴嘎旗供销社从无到有，从小到大发展壮大起来。1957 年，旗社下设 4 个股室 2 个经理部、9 个零售商店、2 处饮食业、1 个生产单位（即财会、业务、组监股、办公室、供应经理部、采购经理部、旗中心门市部、乡下 1、2、3、4、5、6 门市部，杨都庙、红格尔 2 个营业组、旅店、饭馆、挂面厂），拥有牛车 140 辆、社员 6753 户、股金 14808 元、职工 174 名，商品零售总额 393.66 万元，畜产品收购总值 367.22 万元，实现利润 22.56 万元，人均劳效 22.624 万元，人均创利 1.297 元。

中共十一届三中全会以来，随着牧区一系列政策的贯彻落实，牧业生产大发展，由计划经济向商品经济的转变，商品流通日趋活跃，牧民购买力大幅度增长。从 1983 年开始，旗供销社围绕“官办”变“民办”这个核心，恢复了供销社组织上的群众性，管理上的民主性，经营上的灵活性。在清理、兑现原股金的基础上，发动群众入股，并突破了股限制。恢复了社员代表大会民主管理的制度。1984年6月旗社召开了第六届社员代表大会，成立了旗联社。1987年下设8个股室、2个公司（即人事教育保卫股、办公室、业务股、基层指导股、统计股、财会股、物价股、工会、土产公司、畜产公司）、12个基层供销社（巴彦查干、查干淖尔、巴彦德勒格尔、巴彦高勒、汉乌拉、宝格达乌拉、那仁宝拉格、青格勒宝拉格、巴彦图嘎、吉尔嘎朗图、伊和高勒、额尔敦高毕）、5个分销店（巴彦塔拉、达布希拉图、阿拉腾图雅、巴彦宝力格、巴彦淖尔）。拥有固定资产246.4万元，流动资金175.9万元，社员股金32.4万元，社员发展到3621户，大小机动车15辆，职工355名，商品销售总值达2，324.2万元，实现利润35.6万元，人均劳效65470元，人均创利1003元。1998年，实行企业改革时，土产公司、畜产公司、营运中心及12个基层供销社企业人员实行全员买断。

在广大的牧业区，商业流通网点的变化是一件十分重要的事，它关系到牧民的生活水平。1950年4月西部联合旗供销社成立，驻地为赛汉图门，有职工5人。1951年旗供销社先是从赛汉图门迁至红格尔庙，后又迁至汗贝庙，当时有职工21人。1952年6月，中部联合旗供销社与西部联合旗供销合并，名为西部联合旗供销社。

阿巴嘎旗基层供销社的机构，网点变化大致可分为四个阶段。

第一阶段（1948～1952年）：基层供销社主要由盟贸易公司的流动供应组、中部联合旗合并到西部联合旗的基层社、当地牧民合作社和旗社成立后组建的基层社组成。有6个门市部（称之为1、2、3、4、5、6门市部）和2个营业组（杨道庙、红格尔庙）。

第二阶段：1953 年 8 月 31 日起，各门市部按所在地名更改名称。即第一门市部改为汗贝庙门市部，第二门市部改为昌图庙门市部，第三门市部改为贝子庙门市部，第四门市部改为阿尤拉海门市部，第五门市部改为明图庙门市部，第六门市部改为扎拉庙门市部。1961 年，撤销贝子庙门市部，组建杨都庙门市部。

第三阶段：1967 年 7 月 29，日以庙建立的门市部改为以公社为中心建立基层供销社。汗贝庙门市部改为巴彦查干基层供销社，昌图庙门市部改为查干淖尔基层供销社，明图庙门市部改为巴彦图嘎基层供销社，扎拉庙门市部改为那仁宝拉格基层供销社，杨道庙门市部改为巴彦高勒基层供销社，阿尤拉海门市部变为分销社，隶属巴彦图嘎基层供销社领导。1964 年，将阿尤拉海分销社与阿巴哈纳尔旗供销合作社合并，组建了伊和高勒基层供销社，巴彦图嘎基层供销社改为分销店。1965 年巴彦查干基层供销社合并到旗社供应经理部，1966 年 4 月又分开，下设宝格达乌拉、额尔敦高毕两个分销店。

第四阶段：1971 年，额尔登高毕、青格勒宝拉格、巴彦图嘎、吉尔嘎郎图、巴彦德勒格尔、宝格达乌拉、汉乌拉、巴彦塔拉相继成立基层供销社。1987 年前巴彦塔拉基层社改为分销店，隶属巴彦查干基层社领导。查干淖尔基层社组建了 4 个分销店即达布希拉图、阿拉坦图雅、巴彦宝拉格、巴彦淖尔分销店。

第三章　阿巴嘎旗人口变化的分析

第一节　解放前、后阿巴嘎旗人口变化

一个地区人口数量的变化集中反映了该地区社会综合发展的水平。而在阿巴嘎旗这样的少数民族聚居区，虽然总人口的增减变化标志着该旗社会物质生活水平的提高，但更重要的是蒙古族人口的增减变化，一方面反映了内地汉族与阿巴嘎旗边疆民族聚居区域的经济政治文化交流程度，另一方面也标志着蒙古族物质生产和生活水平的增长趋势。

然而，决定这个变化曲线的根本因素是社会生产力发展水平，而一个社会生产力的发展并不完全是由人的客观需要决定的，社会制度以及这个社会占统治地位的阶级才是这个社会社会生产力能否得到发展的决定因素。问题在于，社会生产力发展的结果并不意味着少数民族人口的绝对增长。

在清朝，蒙古族依照八旗制度分编人口，并把人口数量与征集的兵额联系起来，以保证蒙古各部为其提供稳定的军事力量。清初分封锡林郭勒盟十旗时，根据各旗的人数与征集的士兵额，在各旗建佐领，每佐领有 150 个士兵，以 1 户五口人出 1 兵算，每佐有 750 人。如当时阿巴嘎左旗和右旗，人口分别为 8250 人左右，分 11 佐，共有兵员 1650 人。同时，除了不断地从蒙古地区征兵作战以外，抽调牧民去官营牧场放牧，鼓励男子去当喇嘛，也是导致蒙古族人口持续下降的重要原因。1912 年，阿巴嘎左右翼旗、阿巴哈纳尔左右翼旗四旗人口总数为 21917 人；

1934年，四旗人口总数为9060人，比1912年减少12857人，下降率为58.7%。

人口变化发生在解放后。1953年末全旗有3427户，11676人。其中按新区划（不包括伊勒特，阿尔善宝拉格两个苏木）有户数2786个，总人口9632人；1960年底有5289户，22599人；1963年有5482户，总人口18742人。1964年7月1日，第二次全国人口普查，全旗共有5281户，总人口19862人。1982年7月1日，第三次全国人口普查，全旗共有8291户，总人口37337人。1990年7月1日，第四次全国人口普查，全旗共有10202户，总人口41172人。

从第二次人口普查到第四次人口普查的26年中，全旗总户数增加4921户，增长92.8%，总人口增加21310人，增长1.07倍，平均每年净增人口819.2人。从上述统计数字可以看出，1949～1959年阿巴嘎旗人口少、基数小，人口的自然增长不大。

阿巴嘎旗人口快速增长有两个转折点：一是发生20世纪60年代初，由于内地饥荒的发生，导致外省市人口的流入。主要是从河北、山西、昭盟、哲盟、乌盟等地大量流入人口。二是发生在20世纪60至70年代的知识青年上山下乡运动，成批的知识青年来到阿巴嘎旗落户。

从上世纪70年代末开始，严格控制人口的机械增长，认真执行计划生育政策，人口发展逐步向稳定型过渡；1982～1999年，在严格控制人口机械增长的同时，采取措施减缓人口自然增长，人口增长曲线趋于稳定。

阿巴嘎旗属边远牧区，地域辽阔、人口稀少。1953年全国第一次人口普查时，全旗人口9632人，人口密度为0.35人/平方公里，至1990年全国第四次人口普查时，总人数发展到41172人，人口密度为1.497人/平方公里。1999年总人口41589人，人口密度为1.513人/平方公里。

1949～1999 年全旗人口统计表

年　份	总户数	合　计	男	女
1949	2925	9481	4296	5185
1950	2778	9818	4500	5318
1951	2874	9542	4383	5159
1952	2756	9482	4271	5212
1953	2786	9632	4529	5103
1954	2807	9497	4552	4945
1955	2926	9492	4612	4880
1956	2878	101451	5011	5134
1957	3206	10551	5356	5195
1958	3279	11707	6087	5620
1959	3599	13478	7675	5803
1960	5289	22599	14320	8279
1961	4576	18311	10426	7885
1962	4669	17255	9566	7689
1963	5482	18742	10401	8341
1964	5298	20251	11080	9171
1965	5467	20507	11137	9370
1966	5573	20641	11525	9116
1967	5734	22298	11836	10462
1968	5934	23341	12126	11215
1969	5980	24341	12431	12061
1970	7122	25878	13548	12330
1971	6987	27837	14572	13265
1972	7116	29062	15175	13887
1973	7277	30040	15554	14486

续表

年　份	总户数	合　计	男	女
1974	7659	31806	16179	15627
1975	7687	32364	16455	15909
1976	8387	33852	17420	16432
1977	8831	35195	18104	17091
1978	9052	35735	18350	17385
1979	8895	36013	18370	17643
1980	8792	35150	18400	17750
1981	8989	36073	18576	17497
1982	9079	37268	19019	18249
1983	9196	37247	19078	18169
1984	9443	37697	19263	18434
1985	9602	38005	19503	18502
1986	9547	38055	19526	18529
1987	9408	38205	19614	18591
1988	9458	38643	19779	18864
1989	9570	39124	20196	18928
1990	9741	39573	20378	19195
1991	10138	40027	20148	19879
1992	11454	40115	20782	19333
1993	10960	40182	20629	19553
1994	11158	40194	20746	19448
1995	11762	40592	21030	19499
1996	11838	40733	21181	19552
1997	11945	40775	21182	19593
1998	12548	41222	21377	19845
1999	12714	41589	21550	20039

第二节 人口密度分布及变化

从十八世纪起，清朝政府就征用大批牧民到官营牧场放牧，鼓励男子去当喇嘛，蒙古族人口持续下降。1912 年，阿巴嘎左右翼、阿巴哈纳尔左右翼旗四旗人口总数为 21917 人；1934 年，四旗人口总数为 9060 人，比 1912 年减少 12857 人，下降率为 58.7%。由于客观历史原因，阿巴嘎旗的人口增长并没有较快地改变人口密度的总体情况，除了城镇人口由于移民和生产性流动人员增加外，牧区的变化并不大。阿巴嘎旗属边远牧区，地域辽阔、人口稀少。1953 年全国第一次人口普查时，全旗人口 9632 人，人口密度为 0.35 人/平方公里，至 1990 年全国第四次人口普查时总人数发展到 41172 人，人口密度为 1.497 人/平方公里。1999 年总人口 41589 人，人口密度为 1.513 人/平方公里。

各苏木、镇历次人口普查人口及人口密度表

（单位：平方公里、人、人/平方公里）

	土地面积	1953 年		1964 年		1982 年		1990 年	
		人口	密度	人口	密度	人口	密度	人口	密度
阿巴嘎旗	27500	1676	0.42	19862	0.72	37337	1.4	41172	1.5
新浩特镇	12	616	51.3	3307	275.58	10651	887.58	15678	1306.5
那仁宝拉格	4100	1155	0.19	1603	0.39	2387	0.58	2476	0.6
青格勒宝拉格	20050	—	—	703	0.34	1253	0.61	1314	0.64
巴彦图嘎	2600	3743	0.43	893	0.34	1498	0.58	1506	0.58
吉尔嘎郎图	2300	—	—	786	0.34	1264	0.55	1367	0.59
伊和高勒	1700	—	—	1350	0.79	1609	0.95	1689	0.99
额尔登高毕	2100	—	—	701	0.33	1108	0.53	1243	0.59

续表

	土地	1953年		1964年		1982年		1990年	
	面积	人口	密度	人口	密度	人口	密度	人口	密度
巴音查干	2700	—	—	1577	0.58	2282	0.85	2090	0.77
宝格都乌拉	2800	2136	0.39	942	0.34	1687	0.60	1614	0.58
查干淖尔	3050	1938	0.52	3096	1.02	3999	1.31	3141	1.41
巴音德勒格尔	700	—	—	434	0.62	1819	2.60	1809	2.58
洪格尔高勒	1950	1227	0.35	1430	0.73	2855	1.46	3269	1.68
德勒格尔	1050	—	—	1155	1.10	2130	2.03	1683	1.60
浑迪乌素	500	—	—	1842	3.68	2040	408	1120	2.24

由上表可以看出，全旗各苏木、镇人口密度最大的是新浩特镇。1953年人口占全旗总人口的5.28%，人口密度为5133人/平方公里；1990年人口占全旗总人口的38.08%，人口密度1306.5人/平方公里；1999年人口占总人口的35.9%，人口密度1205.3人/平方公里。

苏木中人口密度最大的是浑迪乌素苏木。1964年人口密度为3.68人/平方公里；1982年为4.08人/平方公里；1990年为2.24人/平方公里；1999年为2.09人/平方公里。这是因为浑迪乌素苏木的前身是巴彦塔拉农场，面积小、人口密度大。但改为苏木后人口密度逐渐减小。巴音德勒格尔苏木1990年的人口密度为2.58人/平方公里；1999年为2.65人/平方公里，在全旗各苏木中为最大，也是因为牧场改为苏木，面积小、人口多造成的。

1990年阿巴嘎旗总人口为39573人，其中城镇人口17397人，占总人口的43.96%，牧区人口22176人，占总人口的

56.04%。非牧业人口20010人，占总人口的50.56%。1999年，全旗城镇人口占总人口的35.9%，非牧业人口占总人口的50.88%。城镇人口比例高，非牧业人口比重大，全旗仅有49.12%的人口从事牧业生产，社会和经济发展负担重。

1990年城镇与牧区、牧业与非牧业人口分布情况表

名　称	总 人 口	其　中	
		非牧业人口	占总人口的%
总　计	39573	20010	50.56
新浩特镇	13925	13705	98.42
那仁宝拉格	2366	597	25.23
青格勒宝拉格	1197	215	17.13
巴彦图嘎	1541	282	18.30
吉尔嘎郎图	1354	232	17.13
伊和高勒	1644	450	27.37
额尔敦高毕	1196	189	15.80
巴音查干	2043	448	21.93
宝格达乌拉	1598	326	20.40
查干淖尔	4130	1030	24.94
巴彦德勒格尔	1778	325	18.17
洪格尔高勒	3117	735	23.58
德勒格尔	1672	402	24.03
浑迪乌素	1136	353	31.07

1999年牧业与非牧业人口比例表

名　称	总人口	其　中	
		非牧业人口	占总人口的%
阿巴嘎旗	41589	21164	50.88
新浩特镇	14944	14901	99.71
玛尼图煤矿	988	965	97.67
洪格尔高勒	3110	657	21.13
德勒格尔	1731	378	21.84
浑迪乌素	1043	314	30.11
巴彦德勒格尔	1854	304	16.40
查干淖尔	4411	944	21.40
巴音查干	2208	500	22.64
宝格都乌拉	1697	367	21.63
额尔敦高毕	1268	221	17.43
伊和高勒	1687	333	19.74
那仁宝拉格	2351	564	24.00
青格勒宝拉格	1349	202	14.97
巴彦图嘎	1580	281	17.78
吉尔嘎郎图	1335	200	14.98

第三节 民族构成分布情况

1953年末，阿巴嘎旗总人口为9632人，其中蒙古族人口9400人，占总人口的97.59%；1964年7月1日总人口为19862人，其中蒙古族人口12027人，占总人口的60.55%，比重下降了37.04%；1982年7月1日总人口37337人，其中蒙古族人口18856人，占总人口的50.5%；1990年7月1日总人口为41172人，其中蒙古族人口21975人，占总人口的53.37%。中华人民共和国成立初期，该旗绝大多数人口是蒙古族，汉族人口仅占2.41%。至1964年，汉族人口比重增加到39.45%，这是由于从1959年开始搞边疆建设，从盟内外、区内外有计划地迁入调入部分人进入阿巴嘎旗，加上流动人口增加而造成的。70年代末，清理外来人口，知识青年大量返城，知识分子流往内地，至90年代蒙古族人口比例开始上升。

蒙古族及少数民族人口分布情况是：城镇比重低（说明外来人口多）、牧区比重高（说明蒙古族仍占绝对优势）。具体情况是：1962年末全旗城镇人口2485人，其中蒙古族人口742人，占29.86%。牧区人口14770人，其中蒙古族人口9768人，占66.13%；1990年末全旗城镇人口13925人，其中蒙古族人口4430人，占31.7%。牧区人口25548人，其中蒙古族人口17031人，占66.7%；1999年，全旗城镇人口14944人，其中蒙古族4925人，占32.96%。牧区人口25624人，其中蒙古族17613人，占68.74%。

阿巴嘎旗地处边疆，中华人民共和国成立前，交通不便，医疗卫生条件差，人口变动呈下降趋势。1947年，西部联合旗有9420人，1948年有9144人，减少276人。其中一个重要的因素是 1947 年冬遭遇大雪灾，牧民缺柴少粮，生活艰难，人口出生率低、死亡率高。中华人民共和国成立后，随着生产的发展，医疗卫生条件的改善，人口呈连续增长的趋势。1962 年末全旗总人口 17255 人，1963 年人口出生数 770 人，出生率 4.45%。其中城镇人口出生率 5.62%，牧区 4.23%；死亡人数 202 人，死亡率 1.17%，其中城镇 0.52%，牧区 1.28%；自然增长率 3.27%，其中城镇 5.15%，牧区 2.97%。

从元朝时起，蒙古人就一直是马背上的战士，人口增长也自然受战争的影响，到清代每逢战事，朝廷就从锡林郭勒盟各旗征兵，阿巴嘎旗也有许多男子被抓去当壮丁。很多人战死或流落他乡。1945 年 9 月，阿巴嘎旗有一部分人迁入蒙古人民共和国(1945 年阿巴嘎旗人口为 14795 人)。那时有少数旅蒙商从北京、天津、河北、多伦、林西等地来定居。解放战争时期，党派大批干部来锡林郭勒盟各地开展工作，后来部分留在当地。

中华人民共和国成立初期，特别是 1960 年前，河北、山西、昭盟、哲盟、乌盟等地的人口大量流入，其中农民占绝大多数。这种流动带有很大的盲目性，所以当时有“盲流”之称。主要原因是牧区各项事业发展需要大批劳动力，另外地区工资标准高也具有一定吸引力。

1964 年为阿巴嘎旗人口出生最高年份，出生人数 900 人，出生率 4.8%。其中城镇人口出生率 5.8%、牧区 4.5%；死亡人数 215 人，死亡率 1.15%。其中城镇死亡率 0.59%，牧区 1.22%；自然增长率 3.65%，其中城镇 5.2%，牧区 3.27%。这正是人口增长失控时期，内蒙古自治区党委提出“人畜两旺”的奋斗目标，但由于牧区卫生医疗条件差，城镇人口为高出生、低死亡；牧区为低出生、高死亡。

1975 年开展计划生育工作，全旗人口自然增长率开始下降，比 60 年代平均下降 5%。1990 年，全旗人口出生率为 1.43%，死亡率 0.475%，自然增长率 1.0%；1999 年全旗人口出生率 1.36%，死亡率 0.238%，自然增长率 1.1%。人口的自然变动开始进入低出生、低死亡、低增长阶段。

改革开放以来，由于粮食敞开销售，人们吃粮不再受限制，加上经济搞活，阿巴嘎旗的人口自由流动开始频繁。1990 年，全旗有无常住户口人员 1685 人，占总人口的 4.1%，比 1982 年增加近 9 倍。80 年代流入阿巴嘎旗的大多是来经商办企业的，也有来自乌盟、化德、商都、哲盟一带的农民，而河北阳原县的农民流入相对减少，有的还从阿巴嘎旗返回原籍经商。至 1999 年，阿巴嘎旗有暂住人口 874 人。

1962、1990 年人口普查蒙古族人口分布表（单位：人）

名　称	1962 年	其	中	1990 年	其	中
	总人口	蒙古族	比例%	总人口	蒙古族	比例%
阿巴嘎旗	17255	10510	60.91	39573	21552	54.46
新浩特镇	2485	743	29.86	13975	4521	32.35
那仁宝拉格	1391	996	71.6	2366	1741	73.58
青格勒宝拉格	642	541	84.27	1197	850	71.01
巴彦图嘎	906	780	86.09	1541	1285	83.39
吉尔嘎郎图	678	617	91.00	1354	1158	85.52
伊和高勒	1196	742	62.04	1644	1152	70.07
额尔敦高毕	623	587	94.22	1196	1022	85.45
巴彦查干	1156	903	78.11	2043	1660	81.24
宝格达乌拉	858	711	82.87	1598	1187	74.28
查干淖尔	2638	1633	63.04	4130	2435	58.96
巴彦德勒格尔	366	295	80.60	1778	1107	62.26
洪格尔高勒	1326	932	70.29	3117	1930	61.92
德勒格尔	1082	710	65.62	1672	1268	75.84
浑迪乌素	1908	291	15.25	1136	204	17.96

1999 年蒙族人口分布情况表　　（单位：人）

名　　称	总人口	蒙古族	比例%
阿巴嘎旗	41589	22583	54.30
新浩特镇	14944	4925	32.96
玛尼图煤矿	988	23	2.32
洪格尔高勒苏木	3110	1952	62.77
德勒格尔苏木	1731	1372	79.26
浑迪乌素苏木	1041	172	18.44
巴彦德勒格尔苏木	1854	1146	61.81
查干淖尔苏木	4411	2533	57.42
巴彦查干苏木	2208	1843	83.47
宝格达乌拉苏木	1697	1254	73.90
额尔敦高毕苏木	1268	1019	73.90
伊和高勒苏木	1687	1218	80.36
那仁宝拉格苏木	2351	1738	72.20
青格勒宝拉格苏木	1349	994	73.93
巴彦图嘎苏木	1580	1297	82.09
吉日嘎郎图苏木	1335	1075	80.52

蒙古族与其他少数民族相比较的人口变化年度表　　（单位：人）

	总人口	蒙古族	汉族	回族	藏族	满族	达斡尔族	壮族	朝鲜族	其他民族
1945	14795	14616	160	—	19	—	—	—	—	—
1946	8339	8134	185	—	20	—	—	—	—	—
1947	9420	9196	200	—	24	—	—	—	—	—

续表

	总人口	蒙古族	汉族	回族	藏族	满族	达斡尔族	壮族	朝鲜族	其他民族
1948	9144	8913	205	—	26	—	—	—	—	—
1949	9481	9243	210	—	28	—	—	—	—	—
1950	9818	9575	215	—	28	—	—	—	—	—
1951	9542	9211	300	1	30	—	—	—	—	—
1952	9483	9228	220	3	30	—	2	—	—	—
1953	9632	9400	185	4	35	—	6	—	—	2
1954	9497	9076	381	4	30	—	5	—	—	1
1955	9492	9009	449	4	25	—	5	—	—	—
1956	10145	9629	468	15	28	—	5	—	—	—
1957	10551	9915	587	14	30	—	5	—	—	—
1958	11707	10221	1435	6	30	—	14	—	—	1
1959	13478	9915	3474	36	27	4	20	—	1	1
1960	22599	9627	12838	71	18	22	22	—	1	1
1961	18311	7324	10825	86	24	28	22	—	1	1
1962	17255	10510	6557	89	22	52	23	—	1	1
1963	18742	11450	7087	107	20	49	28	—	1	1
1964	20251	12120	7903	124	20	42	37	—	1	1
1965	20507	12509	7796	115	19	25	39	—	1	1
1971	27837	14178	13317	182	15	94	41	6	—	—
1972	29062	14647	14059	187	15	87	58	6	—	—
1973	30040	15097	14572	198	21	79	64	6	—	—

续表

	总人口	蒙古族	汉族	回族	藏族	满族	达斡尔族	壮族	朝鲜族	其他民族
1974	31806	15899	15521	190	25	108	59	6	—	—
1975	32364	16352	15615	199	19	114	55	6	—	—
1976	33852	16601	16829	215	18	121	69	7	—	—
1977	35195	17427	17428	226	23	122	60	7	—	—
1978	35735	17397	17916	235	14	115	58	—	—	—
1979	36013	19737	17863	220	22	113	57	—	—	—
1980	36150	18003	17727	238	21	120	43	—	—	—
1981	36073	18248	17377	225	9	148	59	—	—	—
1982	37268	18835	17975	222	8	161	60	—	—	—
1983	37247	19093	17705	206	6	172	58	—	—	—
1984	37697	19339	17910	216	5	169	53	—	—	—
1985	38005	19801	17757	215	10	164	53	—	—	—
1986	38055	19901	17699	210	7	182	51	—	—	—
1987	38205	20382	17345	209	9	201	54	—	—	—
1988	38643	20852	17293	204	7	223	59	—	—	—
1989	39124	21098	17548	181	5	228	63	—	—	—
1990	39573	21552	17523	197	6	229	65	—	—	—
1991	40027	21696	17818	201	7	232	67	1	4	1
1992	40115	21923	17679	226	6	209	70	—	—	2
1993	40182	21819	17845	217	6	230	88	—	—	3
1994	40194	21855	17826	205	5	234	66	—	—	3

续表

	总人口	蒙古族	汉族	回族	藏族	满族	达斡尔族	壮族	朝鲜族	其他民族
1995	40529	21978	18023	196	5	256	69	—	—	2
1996	40733	22181	18040	196	5	239	69	—	—	1
1997	40755	22194	18065	206	5	244	70	—	—	1
1998	41222	22386	18308	204	3	249	69	1	1	1
1999	41589	22583	18466	209	3	260	64	1	1	2

从 18 世纪开始，阿巴嘎旗蒙古族人口持续下降，这主要是经济落后使得牧民贫困饥饿、疫病流行，导致人口减少。其次，贝子衙门制定“家有 3 丁，入庙当喇嘛不得少于 2 人”的服役制度延续百余年，清政府连年征兵作战、性别比例失调也是造成蒙古族人口下降的直接原因。1945～1948 年的 4 年中，蒙古族人口减少 6766 人，除上述因素外，还有 1945 年迁入蒙古人民共和国一部分人。

1949～1955 年，阿巴嘎旗蒙古族人口也呈现小幅度的减少。从 1956 年开始至 1982 年，蒙古族人口从 9626 人增加到 17975 人，增加 8349 人，增长率为 86.73%，平均每年增加 321 人，年递增率为 2.5%。这个时期克服了中华人民共和国成立前遗留的不利于人口增长的因素，进入正常的婚配生育阶段，人口逐年增加。

1982～1990 年蒙古族人口进入稳定增长阶段。此时全国开始实行计划生育，蒙古族人民也认识到人口增长必须与经济发展相适应的道理，积极响应计划生育号召，自愿节制人口增长，因此增长率逐步下降。1982 年，全旗有蒙古族人口 17975 人，1990 年末有 21552 人，8 年内增加 3577 人，增长率为 19.9%，平均每年增加 447 人，年递增率为 2.3%。但由于前 30 年蒙古族人口处于生育高峰，年龄结构轻，在 1990 年以后相当长的一段时间内仍出现了生育高峰。1999 年，阿巴嘎旗有蒙古族 22583 人，比 1990 年增长 1031 人，增长率为 4.78%，平均每年增长 115 人，年递增率为 0.53%。

但总体来看，阿巴嘎旗本地人口数量的增长速度较全国平均水平低得多，但如果加上外来增加人口，其增长率高出平均数。蒙古族人口的增长速度处于正常范围，略微偏低。这与人口基数有关。

1947～1999 年人口机械变动情况表　（单位：人）

年份＼项目	年末总人口	出生		死亡		自然增长		自然增长
		人数	率‰	人数	率‰	人数	率‰	较上年增减‰
1947	9420	30	3.18	160	17.00	730	－13.80	—
1948	9144	330	36.09	151	16.51	179	19.58	＋33.38
1949	9481	320	33.75	146	15.40	174	18.35	－1.23
1950	9818	332	33.82	152	15.48	180	18.33	－0.02
1951	9542	344	36.05	157	16.45	187	19.60	＋1.27
1952	9483	334	35.22	153	16.13	181	19.09	－0.51
1953	9622	332	34.50	151	15.69	181	18.81	＋0.18
1954	9497	337	35.48	154	16.22	183	19.27	＋0.46
1955	9452	332	35.12	152	16.08	180	19.04	－0.23
1956	10145	397	39.13	112	11.04	285	28.09	＋9.05
1957	10551	415	39.33	120	11.37	295	27.96	－0.13
1958	11707	419	35.79	125	10.68	294	25.11	－2.85
1959	13478	465	34.50	138	10.24	327	24.26	－0.85
1960	22599	535	23.67	159	7.04	376	16.64	－7.62
1961	18311	897	48.99	267	14.58	630	34.41	＋17.77

续表

年份/项目	年末总人口	出生 人数	出生 率‰	死亡 人数	死亡 率‰	自然增长 人数	自然增长 率‰	自然增长较上年增减‰
1962	17255	571	33.09	139	8.06	432	25.04	－9.37
1963	18742	700	41.08	202	10.78	568	31.27	＋6.23
1964	20251	900	44.44	215	12.39	685	33.83	＋2.56
1965	20507	853	41.60	276	13.46	577	28.14	－5.69
1966	20641	—	—	—	—	—	—	—
1967	22298	—	—	—	—	—	—	—
1968	23341	—	—	—	—	—	—	—
1969	24492	—	—	—	—	—	—	—
1970	25878	783	30.26	169	6.53	614	23.75	—
1971	27878	1048	37.60	146	5.42	902	32.36	＋8.61
1972	29062	1002	34.44	138	4.75	864	29.73	－2.63
1973	30040	1037	34.52	169	5.63	868	28.89	－0.84
1974	31806	1117	35.11	195	6.13	922	28.99	＋0.1
1975	32364	948	29.29	202	6.24	746	23.05	－5.94
1976	33852	970	28.65	200	5.91	770	22.75	－0.3
1977	35195	923	26.23	200	5.68	723	20.54	－2.21
1978	35735	949	26.56	192	5.37	757	21.18	＋0.64
1979	36013	754	20.94	195	5.41	559	15.52	－5.66
1980	36150	601	16.62	171	4.73	430	11.89	－3.63
1981	36073	653	18.10	184	5.10	469	13.00	＋1.11
1982	37268	628	16.85	148	3.97	480	12.88	－0.12

续表

年份 / 项目	年末总人口	出生		死亡		自然增长		自然增长
		人数	率‰	人数	率‰	人数	率‰	较上年增减‰
1983	37247	682	18.31	175	4.7	507	13.61	+0.73
1984	37697	745	19.76	176	4.67	569	15.09	+1.48
1985	38005	650	17.10	189	4.97	461	12.13	−2.96
1986	38055	652	17.13	203	5.33	449	11.80	−0.33
1987	38205	718	18.79	248	6.49	470	12.30	+0.50
1988	38643	801	20.72	226	5.85	575	14.88	+2.58
1989	39124	755	19.30	182	4.65	573	14.65	−0.23
1990	39573	566	14.30	188	4075	378	9.55	−5.10
1991	40027	590	14.74	135	3.37	455	11.37	+1.82
1992	40115	429	10.69	195	4.86	234	5.82	−5.55
1993	40182	361	8.98	124	3.09	237	6.90	+0.08
1994	40194	414	10.3	200	4.98	214	5.32	−0.58
1995	40529	511	12.61	196	4.84	315	7.77	+2.45
1996	40733	522	12.82	131	3.22	391	9.60	+1.83
1997	40775	448	10.99	125	3.07	323	7.92	−1.68
1998	41222	555	13.46	218	5.29	337	8.18	+0.26
1999	41589	567	13.63	99	2.38	486	11.25	+3.07

第四章　阿巴嘎旗普通教育的发展

第一节　改革开放前基础教育的发展情况

在相对落后的边疆民族地区，教育的发展情况是这个地区社会整体发展最直接的指标，也是这个民族经济政治状况改善最有力的标志。解放前，阿巴嘎旗经济文化相当落后，系统的民族基础教育几乎不存在，而当时的国民教育体系也没有在当地开展起来。

正规的基础教育体制在解放后才建立起来。1950 年 5 月 1 日，在西部联合旗图门额勒苏和中部联合旗阿尤勒海庙各建立一所小学。图门额勒苏小学由东勒布任校长，有 3 名教师，分两个班，招收学生 60 多名；在阿尤勒海庙建立的学校叫阿拉坦都希小学，由套兴嘎任校长，有 4 名教师，3 个班级，招收了 70 多名学生。1951 年，明图布庙建立游牧小学。1952 年，在乌兰扎拉和昌图庙各建 1 所小学。1953 年，明图布学校改名为额尔登巴达拉胡学校。由于缺乏人力、物力，1954 年春天，乌兰扎拉小学和昌图庙小学搬迁到图门额勒苏小学所在地。额尔登巴达拉胡小学归并到阿尤勒海的阿拉坦都希小学。当时，师生们的教学、生活条件都非常艰苦，教师的工作量大，每个班级只有一位教师，一天上五节课。没有统一的教材，老师们自编教学内容，还辅导自习课。当时不限制学生的入学年龄，17、18 岁的青年也可入学。

而幼儿教育直到上世纪 60 年代才出现。1962 年，汗贝庙成立托儿所。有 12 名教职工，40 名幼儿，主要招收干部子女。所内有 6 间房子，设备不全，没有桌凳。1971 年托儿所停办，1978 年恢复成立托儿所。1980 年，旗直属第一小学首次开办小学学前班，招生 30 人。1982 年 6 月，在新浩特镇成立蒙古族幼儿园。1985 年，旗直属第二小学及伊和高勒、额尔敦高毕、洪格尔高勒、青格勒宝拉格、那仁宝拉格等苏木小学先后招收 8 个学前幼儿班、106 名学生。1992 年 4 月，巴彦查干苏木额尔敦宝拉格嘎查和德勒格尔苏木伊和宝拉格嘎查成立了两所草原流动幼儿园，又称为牧区幼儿智力开发游戏点，共招收幼儿 61 人。1999 年，阿巴嘎旗共有幼儿园 3 所，在园幼儿 304 人；草原流动幼儿园 23 所；各小学均设有学前班，在校幼儿共 507 人。

1955 年，图门额勒苏小学搬迁到汗贝庙（今新浩特镇），改建为旗直属小学，1958 年该校首次招收汉文班，成为旗直属蒙汉合一的完全小学。1968 年 10 月，把中学（现第一中学）、小学合并，改建为“5·7”形式的十年制学校，中、小学班级改编为班、排、连建制。1969 年 12 月 1 日，中、小学校重新分设，并恢复原校名。到 1972 年，全校共有 24 个教学班，但只有 14 个教室，只好编半日制课程。1973 年旗第二小学成立，从直属小学分出 6 个汉文班和 16 名教职工。旗直属小学改名为第一小学。

1956 年，杨都庙（现洪格尔高勒）、昌图庙（现查干淖尔）、明图布庙三个地方建立三所小学。1957 年，在那日图（现那仁宝拉格）建立一所小学。1963 年，在巴彦图嘎苏木建立一所小学。1964 年，青格勒宝拉格、吉尔嘎郎图两个苏木各建立一所小学。到 1966 年，全旗共有 14 所小学，学生 1809 名。1967 年，汉乌拉公社（今德勒格尔苏木）小学成立。1972 年，巴彦德勒格尔牧场、额尔敦高毕苏木和宝格达乌拉苏木的民办学校转为公办学校。1974 年，巴彦查干苏木建立一所蒙古族小学，1984 年并入阿巴嘎旗第一小学。

解放后，阿巴嘎旗最初大力实施的主要是扫盲教育。从 50

年代初开始成立牧民夜校，16 岁至 45 岁的牧民以浩特、畜群组为单位，每晚进行文化学习。在牧民夜校里，除学习文化课外，还学习政治、时事等知识。很多牧民学习一冬天就能背熟蒙文字母，达到能拼写、读字的程度。1950 年，中部联合旗组织成立 62 个识字组，参加学习的人数达 1077 人。1951 年，中部联合旗在第四苏木成立民办公助小学，参加学习的牧民达 2111 人，经过一冬天的学习，会读蒙语文字母的达 994 人，会拼写的达 606 人，会写简单信件的达 511 人。1952 年，中西两个联合旗合并后，入夜校学习的人数高达 4113 人。从识字运动开始到 1958 年，在全旗范围内先后举办 5 期学习、文化培训班。“文化大革命”期间，扫盲工作中断。

改革开放后，在牧区继续开展了扫盲运动。1979 年，宝格达乌拉、青格勒宝拉格两个公社首先开展扫盲工作。1984 年，遵照“一堵二扫三提高”的方针，扫盲工作在全旗范围内开展起来。1984～1988 年，全旗范围内较大的扫盲培训班办过 59 期，参加 3831 人次。1988 年，阿巴嘎旗成为扫除文盲和基本普及初等教育旗。1989～1990 年，较大的扫盲班举办 11 期，有 405 人脱盲；举办 3 期提高班，有 68 人次参加。1997 年，阿巴嘎旗实现“两基”达标，基本扫除青壮年文盲。1999 年，青壮年非文盲率为 98.42%。1991～1999 年，全旗共扫除文盲 1094 人，巩固提高 965 人次。

到上世纪 90 年代，阿巴嘎旗基础教育进入了一个大发展时期。1990 年，阿巴嘎旗有公办小学 19 所，教职工 403 人，在校学生 4823 名。1997 年，那仁宝拉格蒙汉校合并为那仁宝拉格苏木逸夫中心学校。1998 年，撤销浑迪乌素苏木小学，学生转入旗直第三小学。截止 1999 年，阿巴嘎旗共有公办小学 17 所，教职工 424 人，在校学生 4414 名。

此外，1958 年，阿巴嘎旗建立了 25 所队办学校。1959 年，多数队办学校归并到苏木学校。70年代初，根据上级“马背教育，开门办学，大办民办学校”的指示精神，重建队办学校。当时共建立7所民办学校，有29个教学班、23名教职工、306名学生。到1976年，民办学校增加到70所、171个教学班，教职工164名。1980年开始对全旗教育布局进行调整，留下了汉乌拉公社（今德勒格尔苏木）小农场等9所队办学校。1984年教育体制改革，剩余的9所队办学校也全部归并到公办学校。

2005年全旗有中学3所、小学3所、蒙古族幼儿园1所；民办幼儿园2所、小学1所；农牧民文化技术学校13所；中小学在校生4773人，其中：小学2826人，初中1721人，高中226人；教职工507人，专任教师419人，其中小学教师学历合格率99.2%，初中教师学历合格率99.32%，高中教师学历合格率95.6%。全旗小学适龄儿童入学率100%，初中适龄儿童入学率96.75%，高中入学率41.9%。“十五”期间，共收到中国“联侨”、“侨心工程”、华侨吴庆显和林惠爱德基金会、准格尔煤田公司、上海宗教事务委员会、香港邵逸夫等的捐资办学款合计93.5万元，其中捐建教学楼工程35万元，电教室、计算机室等电教设备捐资58.5万元。争取社会各界捐赠教学设备、仪器等价值近100万元，帮扶贫困学生助学金累计达40余万元。近年来，阿巴嘎旗深化民族教育教学改革，稳步推进民族基础教育标准化和规范化水平。现有民族小学1所，中学2所，蒙古族幼儿园1所。民族中学均为寄宿制学校，在校生1825人，其中，小学生888人，入学率100%；初中生817人，入学率97.82%；高中生120人，入学率42.8%；全旗从事民族教育的公办专任教师208人。其中，小学专任教师118人，学历合格率99.15%；初中专任教师77人，学历合格率100%；高中专任教师13人，学历合格率92.31%。使用蒙古语教学的在园（班）幼儿有294人，幼儿入园（班）率为86.9%。

第二节　中　学　教　育

1940年阿巴嘎旗曾在贝子庙（今天的锡林浩特市）建立“智文蒙古中学阿巴嘎旗分校”，又叫“会盟中学”、“兴蒙阿巴嘎旗中学”、“贝子庙中学”等。1945年该校停办。这与当时德王在内蒙古蒙古族聚居区开展的提高教育活动有关。随着抗日战争的胜利，这所学校就关闭了。解放后，阿巴嘎旗所在地一直没有中学。1964年9月，旗直第一小学招收蒙汉各一个初中班，共有75名学生。1965年9月，中学班和小学班分设，建立阿巴嘎旗第一中学。有17名教职工，蒙汉初中各设两个教学班，共132名学生。1979年，旗蒙古族中学成立，第一中学停办蒙文班，成了纯汉文中学。

1964和1982年全旗人口受教育情况统计

年　份	1964					1982				
苏木名称	总人口	非文盲		文盲及半文盲		总人口	非文盲		文盲及半文盲	
		人数	%	人数	%		人数	%	人数	%
全旗合计	19862	6341	31.9	8960	45.11	37337	21885	58.61	10023	26.84
新浩特镇	3307	1606	48.56	817	24.7	10651	7990	75.02	1455	13.66
那仁宝拉格	1603	522	32.56	700	43.67	2387	1320	55.30	691	28.95
青格勒宝拉格	703	168	23.9	366	52.06	1253	686	54.75	384	30.65
巴彦图嘎	893	231	25.87	455	50.95	1498	735	49.07	548	36.58
吉尔嘎郎图	768	211	27.47	379	49.35	1264	647	51.19	407	32.2
伊和高勒	1350	415	30.74	629	46.59	1609	918	57.05	484	30.08

续表

年　份	1964					1982				
苏木名称	总人口	非文盲		文盲及半文盲		总人口	非文盲		文盲及半文盲	
		人数	%	人数	%		人数	%	人数	%
额尔敦高毕	701	163	23.25	391	55.78	1108	524	48.92	432	38.99
巴彦查干	1577	379	24.03	871	55.23	2282	1176	51.53	770	33.74
宝格达乌拉	942	214	22.72	539	57.22	1687	869	51.51	570	33.79
查干淖尔	3096	823	26.58	1589	51.32	3999	2020	50.51	1379	34.48
巴彦德勒格尔	434	156	35.94	170	39.17	1819	886	48.70	607	33.377
洪格尔高勒	1430	310	21.68	730	51.05	2855	1334	46.73	1022	35.8
德勒格尔	1155	331	28.66	565	48.92	2130	1084	50.89	696	32.68
浑迪乌素	1845	789	42.76	689	37.34	2040	1252	61.37	468	22.94

从上世纪70年代开始，各苏木也在试办中学。1970～1977年，青格勒宝拉格、那仁宝拉格、伊和高勒、查干淖尔、吉尔嘎郎图等苏木均设立了蒙汉文初中班。1980年，查干淖尔、那仁宝拉格、洪格尔高勒三个苏木蒙校所设初中班全部并入旗蒙古族中学。

1975年11月，在查干淖尔苏木建立阿巴嘎旗第二中学。有7个教学班，其中蒙文初中班2个，汉文高中班1个，汉文初中班4个。有21名教职工、207名学生。

1981年9月，在新浩特镇成立阿巴嘎旗第三中学。有1个高中班、2个初中班，共120名学生，教职工8人。1982年，从第一中学调入4个教学班，共199名学生。1985年9月办了一个职业高中班，开设财会职业课。1986年把这所学校改办为“民族职业中学”。1990年招了两个蒙文班，除学习初中文化课之外，还开设了畜牧业和畜牧兽医职业课。这所学校的职业课主要有畜牧业、兽医、农牧机械、家电维修、经营管理等。

1995年，查干淖尔、洪格尔高勒、浑迪乌素、那仁宝拉格等苏木汉校的12个初中班并入旗第一中学。此后，各苏木（玛尼图煤矿学校除外）汉授初中学生全部到旗直属中学就读。

1999年，阿巴嘎旗三所中学共有教职工235人，在校学生2643人。

党和国家对广大农牧民教育的重视还反映在业余教育方面。我们党历来把教育农牧民作为巩固人民民主专政的主要方法，看作是对党的执政能力的考验，因此，从上世纪50年代始，就在各级各类地区普遍开展了对农牧民的业余教育，提高他们对新中国的了解，对党和国家政策的支持。1957年，在明图布举办了为期25天的牧民业余学习班，有160人参加。同年在牧民文化室放映幻灯62场，有2396人次观看。

1958年，阿巴嘎旗成立牧民业余学校，当年在牧民业余学校学习的牧民有3584人。1961年12月12日，旗人民委员会组织安排业余教育和学校教育工作。对存在问题较多的巴彦图嘎、伊和高勒、吉尔嘎郎图、阿尔善宝拉格五个苏木，分别派去一名干部，除帮助牧业生产工作以外，着重协助抓好业余教育工作，还从《牧区工作制度80条》中选编了一本《识字》教材，发给每个大队。1999年，阿巴嘎旗共有15所农牧民文化技术学校，共开展农牧民家庭技术培训2975人次。

第三节　民族教育现状

一、幼儿园

1982年6月1日，旗蒙古族幼儿园成立，有14名教职工。

幼儿园招收 3～6 岁的幼儿 51 名，分大、中、小三个班。1985 年增加了一个班。园内有砖瓦结构的教舍 27 间，都安装有暖气，由供热站统一供暖。文艺、体育教学器材和玩具比较齐全。至 1999 年，有 28 名教职工，在园幼儿 183 人，分 4 个班。

二、蒙古族实验小学

1973 年，阿巴嘎旗第二小学成立，从第一小学分走 6 个汉文班和 16 名教职工，第一小学仅剩 3 个蒙文班 70 多名学生。十一届三中全会后，有关的民族教育的方针、政策得到恢复落实，采取了许多发展民族语言文字的具体措施。1985 年 7 月，第一小学最后一批汉文班学生毕业，第一小学成为纯蒙古语小学。到 1987 年，第一小学有 16 个教学班，762 名学生，64 名教职工；有 1 处牧场，牲畜 638 头（只）；有 1 处 25 亩的菜园。

从 1980 年开始，自治区、盟和旗财政及有关部门大力扶持蒙古族小学。第一小学改建校舍、院墙，新增教学设备。1978 年第一小学被列为旗级重点学校，1981 年被列为自治区、盟和旗三级管理重点学校。1989 年 12 月，第一小学改名为蒙古族实验小学。1996 年，蒙古族实验小学被授予自治区“义务教育示范校”称号。1998 年，被确定为盟级素质教育试点校。1999 年，蒙古族实验小学共有教职工 60 人，教学班 19 个，在校学生 888 人。其中学前班 2 个，学生 90 名。

三、蒙古族中学

1979 年 10 月 1 日，阿巴嘎旗蒙古族中学在新浩特镇成立。有教职工 29 人，有两个高中班，四个初中班，一个师范班。共有学生 270 名，其中初、高中学生有 246 名，师范生有 24 名。

1984 年 9 月，蒙古族中学招收职业班，招收 37 名学生。主要开设风力发电、小四轮和摩托车修理、金融等职业课。1984

年，蒙古族中学筹办牧场，到1990年，有牲畜787头（只）。1986年国家投资80万元，兴建4000平方米的教学楼一座。1987年，投资32万元，新建600平方米的大餐厅和学校院墙。

1979～1990年的11年里，蒙古族中学共招收2558名学生（其中初中生1807名，高中生751名），毕业生2039名（其中初中毕业生1504名，高中毕业生535名）。其中考入各类大专院校11名，考入各类中等专业学校224名，考入重点中学90名。为了多给牧民青年创造学习科学养畜的条件，促进其掌握现代化牧业生产技术，阿巴嘎旗在1983年三级干部会议上制定奖励办法："今后，凡少数民族牧民子女考入大专院校（包括牧民成人考入大专）的，由旗财政每人每年奖励500元；牧民成人自费上大专或中专且能够坚持勤奋学习的每年奖励300元。"到1990年，全校有教职工70人，19个教学班，664名学生。其中初中班13个，学生483名；高中班6个，学生181名。1997年3月，蒙古族中学初中年级开设英语课程，实行"三语"教学。1999年，蒙古族中学共有教职工69人，教学班18个，在校学生889名。其中初中班15个，学生836名。

四、职业教育

阿巴嘎旗民族职业中学建于1990年，有教职工53人，教学班10个，在校学生551人。职业中学除开设文化课外，还在汉授高中班开设畜牧兽医职业技术课，蒙授初中开设草原管理课和畜牧兽医职业技术课。

建校后，民族职业中学发挥一校多能的优势，走"上挂、横联、下辐射"的路子，拥有5个校名，即"阿巴嘎旗民族职业中学"、"锡林郭勒盟电大分校阿巴嘎旗工作站"、"阿巴嘎旗农牧民技术培训中心"、"锡林郭勒盟电视中专学校阿巴嘎旗分校"、"阿巴嘎旗星火燎原学校"。学校先后与锡林郭勒盟职教中心、锡林郭勒盟牧业学校、旗劳动人事局、旗劳动就业局等单位联合开设了财会、计算机、汽车驾驶等专业的职高班，举办了大专班、中专班和下岗职工短期培训班。截止1999年，民族职业中学有教职工83人，其中专任教师66人，各类教学班24个，在校生965人。培养职高毕业生364人，大专毕业生41人，中专毕业生132人。

五、师资

1950年，图门额勒苏小学和阿尤勒海小学成立，有教职工13人，其中专任教师7人。1983年，从宝昌初级师范毕业的两名学生分配到阿巴嘎旗任教。此后，教职工人数逐年增加，其中有许多中师毕业生和大学毕业生。到1990年，全旗有教职工719人，其中：专任教师514人，行政人员78人，职工127人。在514名专任教师中，大学本科毕业生28名，占专任教师总数的5.4%；专科毕业生105名，占专任教师总数的20.43%；中等专业学校毕业生（含高中）289名，占专任教师总数的56.23%；初中以下文化程度的有92名，占专任教师总数的17.9%。

1990~1999年，共接收大中专师范毕业生189人，其中大专和大专以上学历的毕业生58人，中师毕业生131人。

1999年，阿巴嘎旗共有教职工659人，其中专任教师514人。拥有大学本科学历的教师有41人，占专任教师总数的8%；拥有大专学历的教师有176人，占专任教师总数的34.2%；拥有中专学历的教师有297人，占专任教师总数的57.8%。

第四节　尊师重教的传统

一、教师队伍建设

蒙古族社会历来尊重从事教育的人，这与蒙古语言文字发展的特殊性及有关习俗、文化有关系。蒙古语言虽然十分丰富，但文字直到巴思八时期才借鉴藏文创造了蒙古文字。因此，口头传承式的教育需要专门和特别的训练，而口头传承的主要内容是本民族的悠久历史文化和英雄史诗，因而掌握蒙古语言文字，也就证明对蒙古历史传统和文化习俗拥有专业知识，成为蒙古社会中具有独特地位的人。

从私塾拜读，到衙门学校，再到男子、女子学校，直到“文化大革命”前，从事教师职业都有着较高的社会地位，受到全社会的尊重。

1906年，衙门学校建立时，从原热河省隆化县请来董先生任教。董先生的工资除学校宰杀的一半羊肉外，每年给70多块银元。1950年，图门额勒苏和阿由力海学校建立时，教师月工资28元。1958年创办民办学校后，民办教师与牧区社员同酬，以记工分的方式领取报酬。

1966年，“文化大革命”开始后，很多学校校长和骨干教师被打成“走资本主义道路的当权派”、“叛徒特务”、“内人党”等。广大知识分子在政治上、经济上受到迫害。从1980年起，先后享受公费医疗、教龄补贴、职务工资增长10%、班主任津贴、休假、退休、死亡安葬、抚恤和子女抚育等福利待遇。到1999年底，为教职工建住宅9052平方米，为96名教职工子女安排了工作，共为239名代课教师办理了转正手续，为2名教师办了“农转非”。1987年，为414名教师评定了技术职称。1985～1999年，每年教师节，旗委、政府都表彰一批为教育事业做出突出贡献的教育工作者。到1999年受表彰的优秀教师、优秀教育工作者共达384人次。从新中国成立至1999年，教师中当选历届旗人民代表大会的代表达33人次，历届政协委员18人次。1999年，教师中有中国共产党党员114人。

二、学校基础建设

在衙门学校、男子女子学校时期，校舍多为蒙古包。一些寺庙开办的学校校舍建在庙内。1950 年，图门额勒苏小学和阿由力海小学也建于庙内。1955 年，图门额勒苏小学搬迁到汉贝庙后，兴建土木结构校舍。

1978 ~ 1984 年，全旗各学校新建砖瓦结构教室 3460 平方米，宿舍 1760 平方米，食堂 1500 平方米，共 6720 平方米。其中：蒙古族幼儿园 462 平方米，蒙古族中学 2073 平方米，第三中学 415.8 平方米，第三小学 924 平方米，苏木学校 2845 平方米。主要建在那仁宝拉格、青格勒宝拉格、巴彦图嘎等边境苏木。维修校舍 6210 平方米，新制学生桌凳 950 套。

1984 年后，利用社会集资、群众捐款、勤工俭学、地方财政拨款等，又新建、维修了部分校舍。1986 年，旗蒙古族中学新建一座三层教学楼。

1978 ~ 1987 年，全旗各学校共新建校舍 25798 平方米，维修旧房屋 16856 平方米，新制桌凳 1800 套，购置学生双层床 532 张。1995 年，旗直一中新建教学楼一栋。1989 ~ 1999 年，各学校共兴建校舍 8717 平方米、院墙 3255 米，维修校舍 18846 平方米。

新中国成立初期，必备的教具如办公桌、黑板等一般从学杂费中开支。学生多数自带板凳，用木板当桌子用。从 1953 年开始，政府拨一定数额的教育事业费，逐渐增添教具、仪器、图书等设备。但 1983 年前，只有旗蒙古族中学配有设备、仪器不齐全的实验室。1984 年，旗直属第一中学建成物理实验室。1985 年，旗直属一中建成化学实验室。1987 年，旗蒙古族中学建教学大楼时，配备了实验室、预备室、仪器库、药物室等。

1990 年，全旗 3 所中学、12 所小学全部配备实验室。旗直属各学校都设立了图书室、阅览室，总面积达450平方米，有图书资料约1万册。

1990～1996年，投入资金18.67万元，用于学校内部设施建设。1997年，投入资金390万元，配置教学仪器10万件、图书5万册。

1990～1999年，全旗共投入资金442.25万元，用于教学仪器、器材、图书的配置，新增微机室6个、语音室2个、教学仪器、器材10万件、图书6.2万册。中小学校教学仪器、器材配备达到自治区Ⅱ类学校标准。

三、教学和学制建设

1950～1960年代，采用初级小学4年，高级小学2年，完全小学6年；初级中学3年，高级中学3年，完全中学6年的学制。

70年代，小学实行5年制，中学实行6年制。“文革”期间，中学曾由“三、三制”改为“二、二制”。1978年后，普通中学实行“三、二”制。1984年，小学改为六年制。1987年，高级中学改为三年制。1990年，职业中学建立，职业高中实行3年制；1995年改为2年制；1997年，职业中学蒙授初中由3年制改为4年制。1999年，阿巴嘎旗义务教育阶段学制开始由“五·三”学制或“六·三”学制向“五·四”学制过渡。

第五章　阿巴嘎旗卫生医疗事业的发展

第一节　卫生条件和传统医疗技术

一、阿巴嘎旗卫生医疗事业的发展及统计

中华人民共和国成立前后，阿巴嘎旗有 20 余名喇嘛医以兼业形式行医。

中华人民共和国成立后，阿巴嘎旗卫生事业发展迅速，到 1999 年，先后分配、调入该旗的各类高级卫生技术人员以及高等医药院校毕业生累计达 55 人，调入、分配到本旗的其他卫生技术人员及医药卫生中等专业学校毕业生达 183 人。全旗共有医疗卫生及管理人员 322 人，其中蒙古族医疗卫生技术人员占 59.18%，现有主治医师以上人员 34 人。旗卫生系统培养在职大专毕业生 34 人，中专毕业生 18 人，晋升医士级各类技术人员 84 人，医师 151 人，主治医师 33 人。另外，有 119 名卫生技术人员在苏木从事医疗卫生工作。

1958 年以前，阿巴嘎旗无中医人员。1959 年旗医院调入 1 名中医和 1 名助手。1961 年中医科停办，1972 年恢复。到 1986 年，全旗共有中医中药卫生技术人员 25 人，占全部卫生技术人员的 9.12%。其中苏木有 10 名中医开展业务。

1952 年 10 月，始建西部联合旗医院，西部联合旗医院前身为锡林郭勒盟驱梅站第四分站（西部联合旗驱梅站）。1956 年 7 月改称阿巴嘎旗卫生院。1958 年更名为阿巴嘎旗人民医院，当时有 15 间土木结构喇嘛庙房，开设 30 张简易病床，拥有简陋医

疗设备，未划分业务科室。1961年，旗医院迁入新建的1500平方米平房。1968年，旗人民医院与旗卫生防疫站、旗妇幼保健站合并，称阿巴嘎旗旗直卫生系统，同时成立旗直卫生系统革命委员会。1969年12月，旗卫生系统进驻军事管制小组。1970年，旗医院共有职工61人，并接收内蒙古医院及内蒙古蒙医院下放人员。1972年，旗医院共有职工45人。至1973年，旗医院病床数增至50张。1981年扩建蒙医病房，新增蒙医病床15张。1983年扩建门诊室710平方米。1987年在原址新建病房楼2288平方米。1989年，蒙医院与原旗医院分开。1999年原浩特镇卫生院合并到蒙医院。

阿巴嘎旗人民医院临床科室设内儿科、外妇科、五官科、口腔科、中医科、传染病科、手术室、理疗科、注射及处置室等，医技科室设放射科、检验科、心电图室、超声检查室、中药房、西药房等。该院共设病床100张，实际开放70张。1999年该院占地总面积10922平方米，建筑面积5188平方米，其中医疗用房3400平方米。

2005年有旗医院、蒙医院、疾病预防中心、妇幼保健站、苏木卫生院等13个医疗机构，医务人员243人，每万人拥有医务人员55.48人，病床127张，每万人拥有病床29张。旗医院为二级丙等医院，病床70张，配备有生化检验设备、万能手术床、X光诊断机、心电图机、B型超声波机等大型医疗设备，能诊断消化、循环、呼吸、内分泌等系统疑难杂症，开展下腹部难度较大手术，处理各种急诊、急救工作。苏木卫生院拥有大中型医疗器械90余套（件），能够开展腹部小手术以及计划生育的刮宫、引产、上环、结扎手术。

二、传统医学的发展过程及治疗方法

蒙医学是在原始蒙古传统疗法和古代蒙医药学基础上，广泛吸收汉、藏、回等民族医学理论精华，融合自己的医术，独特创立的医学理论体系。十二世纪以来，蒙古族发明和运用适合于游牧生产、生活的医疗方法，如灸疗、正骨、外伤治疗、马奶酒疗法和饮食疗法等。

中华人民共和国成立前，蒙医在喇嘛庙喇嘛中以“曼巴扎仓”（医学部）带徒弟的方式传授，出徒后授“曼巴”学位，故名“喇嘛医”，牧民称“喇嘛额木其”。1935～1940年，伪蒙疆政府在原锡林郭勒盟和察盟曾设立蒙医医院（当时称“蒙古医院”）。

中华人民共和国成立后，蒙医药人才培养脱离寺庙“曼巴扎仓”，只有少数喇嘛医带徒弟。1962年2月21日，“喇嘛医”一律改称“蒙医”。据《蒙疆年鉴》（1942年）记载，原阿巴嘎左旗有5座喇嘛庙，其中设“曼巴扎仓”的有2座，即杨都庙和明图庙。原阿巴嘎右旗有4座喇嘛庙，其中设“曼巴扎仓”的有1座，即昌图庙。

中华人民共和国成立前，阿巴嘎旗部分喇嘛庙设有不同类型、数目的“扎仓”。“曼巴扎仓”（医学部），又称“额木其扎仓”或“曼拉苏默”，是培养蒙医的学府，又是当时牧区仅有的医疗机构。“曼巴扎仓”内供有曼拉佛像，当时阿巴嘎左、右两旗在3座庙内设有医学部。从寺庙医学部毕业的蒙医，多数被分配到旗内大小寺庙，负责本寺庙喇嘛和牧区牧民的医疗保健，并进行巡回赐药施诊。寺庙蒙医治病的报酬，一般由患者自愿支付，少则敬献“哈达”，多则献羊、马、牛或银元等。中华人民共和国成立前，阿巴嘎旗喇嘛庙医学部喇嘛医及出徒喇嘛医数无准确记载。

1961年调查统计，阿巴嘎旗共有蒙医蒙药人员102人，旗级卫生机构有6人，苏木（牧场）卫生院、嘎查有蒙医药人员96人，其中学徒共计11人。至1968年，阿巴嘎旗首批20名蒙医纳入各苏木卫生院，转为卫生院集体人员，其工资的40%由国家支付，60%由卫生院支付。旗医院从1958年6月开始增设蒙医科。1984年，阿巴嘎旗医院蒙医科扩编为阿巴嘎旗蒙医医院。到1999年，全旗13个苏木卫生院（所）有12个设有蒙医科。

1984年阿巴嘎旗蒙医医院成立后，1999年，该院有各类卫生技术人员40人，开设蒙医病床15张。全旗12个苏木卫生院（所）共有蒙医药人员37人，其中蒙医副主任医师1人，主治医师4人，蒙医师13人，蒙医士5人，在其他医疗单位工作的蒙医共计11人。全旗嘎查共有蒙医药人员77人。全旗卫生技术人员中，蒙医药人员占18.28%，嘎查蒙医药人员占乡村医生（含卫生员）的44.77%。到1999年，阿巴嘎旗共有蒙医药人员49人。其中蒙医人员39人，蒙药人员10人。蒙医人员中副主任医师1人，主治医师5人，蒙医师26人，蒙医士6人，其他蒙医1人。蒙药人员中蒙药师5人，药剂员2人。

蒙医治疗疾病的疗法有清、解、温、补、和、汗、吐、下、静、养等10种。传统疗法是通过手法和器械，辅以药物治疗疾病，包括放血、灸疗、罨敷、水疗、针疗五种主要疗法以及饮食疗法、拔罐穿刺疗法、涂擦疗法、以震治震疗法等。

饮食疗法多以羊肉为主料，许多配方中含有羊的心、肝、肺、肚、肠、髓、脑、血、奶、酪等，作为药品的还有粮食、野菜、饮料等食品。如牧民春季患“巴木乌布钦”（坏血病），可采摘“哈拉海”（荨麻）的嫩苗枝叶或“胡木里”（沙葱）食用；夏季则喝酸马奶，以治疗坏血病。洗药浴者同时喝羊肉汤等均为饮食疗法。

浸浴疗法蒙语为“阿尔善”疗法，“阿尔善”意为“甘露”或“圣水”。通过浸浴对人体起到温度、压力、浮力和药物化学等综合作用。浸浴疗法包括天然矿泉和五味甘露汤浴（五花药浴）两种。

阿巴嘎旗境内有治疗疾病作用的矿泉是哈登湖硕矿泉、呼斯勒杭嘎其矿泉（苦泉）、巴音哈拉矿泉等。这些矿泉多为冷泉

(25℃以下)，有的能饮用，有的能饮能浴，有的矿泉泥可涂抹患处做泥疗。矿泉疗法适应症主要有胃十二指肠溃疡（恢复期)、慢性胃炎、胃酸过多症、过敏性肠炎、胃痉挛、慢性肝炎、慢性胆囊炎、胆石症、神经官能症、慢性风湿性关节炎、肌腱炎、腰肌劳损、慢性荨麻疹、牛皮癣、神经性皮炎、软组织损伤、骨折后关节强直，以及妇科的盆腔炎、附件炎等病症。此外，蒙医其他传统疗法有放血疗法、灸疗、罨疗、色布苏疗法（瘤胃热罨法)、骨汤浴、缚浴疗法、拔罐穿刺疗法、以震治震疗法等。

蒙药传统剂型以散剂为主。配置蒙药主要用药匙，药匙分大、中、小三个型号，大号相当于4.0克，中号相当于2.0克，小号相当于1.0克，按处方规定剂量要求分别用不同型号药匙取药配置。

第二节　苏木卫生院和嘎查医疗机构

一、苏木（镇）及以下医疗机构和医务人员

1952年5月，内蒙古自治区派“驱梅”工作队进驻阿巴嘎旗，为配合性病普查普治及巩固防治成果，全旗各苏木陆续组建妇幼保健所。到1953年，阿巴嘎旗共建苏木妇幼保健所12处。1954年，查干淖尔苏木妇幼保健所改建为苏木卫生院，设8张病床。1957年，那仁宝拉格、巴彦图嘎、宝格达乌拉、洪格尔高勒、浑迪乌素苏木妇幼保健所相继改建为卫生院。

1961年9月，全旗划分为12个人民公社、2个牧场。1962年，新划出的伊和高勒、青格勒宝拉格、吉尔嘎郎图、额尔敦高毕、巴彦查干、德力格尔苏木及巴彦德勒格尔牧场筹建苏木联合保健所。1966年，上述保健所分别改建为苏木（牧场）卫生院(所)。1966年底，全旗各苏木卫生院（所）共设病床39张，卫

生人员 128 人。

1970 年，为适应“备战”需要，巴彦德勒格尔牧场卫生院扩建为阿巴嘎旗后方医院，与人民医院平级，1980 年恢复为牧场卫生院。1974 年查干淖尔、那仁宝拉格、伊和高勒苏木卫生院分别扩建为中心卫生院。

1983 年 3 月，阿巴嘎旗筹建新浩特镇卫生所，建 168 平方米平房，配备 2 名医生、护理员 1 名及部分医疗器械。1984 年 6 月撤销该卫生所，同时对基层卫生单位进行调整，保留伊和高勒、查干淖尔两所中心卫生院，宝格达乌拉、德勒格尔、巴彦德勒格尔、额尔敦高毕苏木卫生院改为卫生所，其余苏木仍保留卫生院建制。1990 年，全旗苏木（镇）卫生院（所）共有 14 个，病床 77 张，工作人员 173 人。1990 年全旗苏木（镇）卫生院（所）共收住病人 181 人次，家庭病床 2368 天，急诊 902 人次，门诊达 83869 人次。1999 年，全旗苏木（镇）卫生院（所）共有 13 个，病床 89 张，工作人员 135 人，年内诊量 6416 人次，开设家庭病床 3400 天。

阿巴嘎旗从 1970 年 10 月开始在全旗各嘎查筹办合作医疗站，并培训一批赤脚医生。到 1971 年 2 月，共建立嘎查合作医疗站 58 个，赤脚医生 206 人。1972 年末，全旗 69 个嘎查全部办起合作医疗站。到 1975 年末，本旗共举办赤脚医生培训班 6 期，培训赤脚医生 251 人次。1977 年后，合作医疗站逐年减少，赤脚医生数随之减少。1991 年开始恢复、新建嘎查卫生室。至 1999 年底，全旗共有嘎查卫生室 66 所，其中甲级卫生室 44 所，乡村医生 77 人。

阿巴嘎旗除旗、苏木、嘎查三级医疗机构外，自 1955 年开始设立集体、厂矿、学校等医疗机构。1955 年初时只设有 1 个。1960 年，全旗集体、厂矿、学校等设立的医疗机构增至 21 个，从业人员 85 人。1965 年有机构 12 个，从业人员 105 人。1970 年减至 2 个。1971 年后又开始增加，1975 年增至 20 个。1980 年减少到 3 个。1986 年，阿巴嘎旗有集体、厂矿、学校等医疗机构共 7 个，从业人员 35 人。1999 年，阿巴嘎旗有经主管部门批准的个体诊所 4 所、厂矿 1 所、学校 6 所，卫生技术人员共 15 人。

阿巴嘎旗医院自 1952 年建院以来，医疗队伍不断扩大。1958 年至 1966 年，先后有 6 名医学院毕业生分配到旗医院，成为旗医院业务骨干。1970 年，旗医院医疗队伍扩大到 61 人。1972 年底，因充实苏木卫生院，旗医院人员减少到 45 人。到 1999 年全院职工 293 人，其中技术人员 74 人，医师（含副主治、主治）22 人，医士 6 人，护士（含主管护师）23 人，药剂师（士）6 人，药剂员 1 人，护理员 2 人，检验师（士）5 人，行政工勤人员 19 人，医生与护士比为 0.82:1。

阿巴嘎旗苏木及卫生院（所）1954 年开始组建，到 1999 年，13 个苏木卫生院（所）共有卫生技术人员 89 人，其中医师 52 人，医士 16 人，护士 16 人，其他人员 41 人。（见“苏木医疗队伍统计表”）

阿巴嘎旗嘎查医疗队伍从 1970 年 10 月开始在全旗嘎查建立医疗站，有赤脚医生 206 人，1977 年后医疗站开始减少，有赤脚医生 184 人，1978 年底有 157 人，到 1986 年有 172 人，到 1999 年，全旗嘎查级从医人员有 77 人。

厂矿、学校及其他医疗队伍。1973 年 3 月，旗工程队由 2 名中医筹建第一个企业卫生所。1974 年，玛尼图煤矿建立卫生所，初建时仅有 1 名中医及 1 名助手。到 1986 年，旗蒙古族中学、蒙古族小学、第一中学、蒙古族幼儿园、砖瓦厂等 5 个单位先后建立了卫生所。有职工 19 人，其中医师 1 人，医士 4 人，其他人员 14 人。1999 年，旗蒙古族中学、蒙古族小学、蒙古族托儿所、职业中学、一中、二中相继建立校医室，每所各有一名校医。

医疗卫生事业的发展关系到偏远地区每一个牧民的生活，近几年，在市场经济的作用下，原来的一些嘎查卫生所停办了，牧民看病需要到几十里、几百里以外的地方。对于那些经济条件差的人家来说，看病则是极其困难。建议在经济条件逐渐提高的情况下，恢复或重新考虑牧民的卫生医疗条件，在嘎查重建卫生所，把常用药配置到所这一级，这才能体现牧民生活的真正提高。

各苏木卫生院及医疗条件统计表

院（所）名称	所在地	病床单位（张）	人员（人）					
			合计	医师	医士	护士	行政	其他
查干淖尔中心卫生院	昌图庙	12	14	5	4	3	0	2
伊和高勒中心卫生院	萨木尔吉	12	14	6	1	1	0	6
那仁宝拉格卫生院	查干敖包	9	12	3	0	1	0	8
青格勒卫生院	曾曾庙	6	7	4	1	0	0	2
巴音图嘎卫生院	呼吉尔图	6	7	3	1	1	0	2
吉尔嘎郎图卫生院	德格吉呼那仁	6	9	3	1	2	0	3
巴音查干卫生院	新浩特	9	19	10	3	1	0	5
洪格尔卫生院	哈日呼热呼	6	9	4	0	1	0	4
浑迪乌苏卫生院	浑迪乌苏	5	5	3	0	1	0	1
德勒格尔卫生所	哈日阿图	6	8	2	1	3	0	2
宝格达乌拉卫生所	浩特高音普达	4	6	2	1	0	0	3
额尔敦高毕卫生院	善达音浩来	4	5	3	1	1	0	0
巴彦德勒格尔卫生所	干其毛都	4	10	4	2	1	0	3

二、阿巴嘎旗的医疗技术及设备

阿巴嘎旗医院除能诊治一般常见多发性疾病外，还能诊断消化、循环、呼吸、内分泌等系统的疑难病症，能处理各种常见急诊、急救病症。阿巴嘎旗医院内儿科除开展一般常见病的诊治外，还能处理心、脑疾病的查症抢救及各种中毒、休克的抢救治疗；外科能进行下腹部手术和常见病的急救，并进行骨科专科治疗；妇产科能进行子宫切除手术；该院诊病治病的治愈率为47.0%，好转率为47.6%，死亡率为1.3%。

阿巴嘎旗医院主要医疗设备有500毫安X线诊断机1台，YD－2B型超声诊断仪1台，电呼吸机1台，T.2－IA型心电图机1台，还有多功能手术床、A型超声诊断仪等41台（件），总价值11.8万元。医院还有1998年日本援助的岛津500毫安电视监视入光机、B超、自动心电图机、自动呼吸机和麻醉机、平科综合治疗仪、内窥镜、自动生化仪、心脏监护仪、裂隙灯等32台（件），价值200余万元。

阿巴嘎旗13处卫生院（所）有12处设有蒙医科，4处设有中医科。13个卫生院（所）均能独立处理多发病、常见病，能够处理各种难产、一般急诊、急救等，均能进行新法接生。其中两所中心卫生院能够独立开展腹部小手术及计划生育的人工流产、引产、节育手术等。另外，苏木卫生院所还能开展防疫、保健等工作。

1999年，阿巴嘎旗苏木卫生院（所）服务总人口为20001人，全年住院59人，日均诊量3615人次。

阿巴嘎旗苏木卫生院（所）主要医疗设备有200毫安X线诊断仪1台，50毫安X线诊断仪6台，电动吸引器4台，离子交换器1台，氧气吸入器1台，多功能手术床10台等医疗器械90台（件、套），各种机动车14辆。

阿巴嘎旗嘎查级医疗站点，主要是采取“三土”、“四自”的方法进行诊治，即土方、土药、土法诊治，用药上采取自采、自制、自种、自用的方法。能够诊治一般多发、常见病症。其医疗器械主要由卫生行政管理部门无偿调拨。

20世纪90年代前医疗机构的统计表

年度	机构数	其中卫生部门办	床位数	正规床位数	备注
1976年	29	—	155	—	—
1977年	32	16	155	—	—
1978年	30	15	147	147	—
1979年	19	15	153	153	—
1980年	19	16	155	155	—
1981年	15	15	—	—	—
1982年	15	15	—	—	—
1983年	16	16	174	174	—
1984年	15	16	131	125	—
1985年	16	16	131	125	—
1986年	23	16	125	125	—
1987年	23	16	97	97	—
1988年	26	16	91	91	—
1989年	26	17	111	111	—
1990年	29	18	103	103	—

1999年前医疗卫生单位统计表

分类 数字 年度	机构数	人员数	病床数	防疫人数	全民卫生部门			集体、厂矿、学校及其他卫生部门	
					机构数	人员数	病床数	机构数	人员数
1991	—	—	—	—	19	—	—	—	—
1992	—	—	—	—	19	—	—	—	—
1993	—	—	—	—	19	—	—	—	—

续表

分类 数字 年度	机构数	人员数	病床数	防疫人数	全民卫生部门			集体、厂矿、学校及其他卫生部门	
					机构数	人员数	病床数	机构数	人员数
1994	—	—	—	—	19	—	—	—	—
1995	25	380	182	42	19	363	180	6	17（含总数）
1996	74	370	180	42	19	363	180	69	77（含总数）
1997	96	—	180	38	19	—	180	72	73（含总数）
1998	96	395	180	38	19	322	180	72	73（含总数）
1999	95	395	180	37	18	322	180	72	73（含总数）

第六章　阿巴嘎旗的文化发展状况

第一节　民族文化教育水平

中华人民共和国成立前，阿巴嘎旗的文化教育被封建上层和寺庙所垄断，广大牧民很少有识字、受教育的机会，许多人做了喇嘛之后才学到一些文化。中华人民共和国成立后，在党和政府支持下，牧区人民开始兴办文化教育事业，文化水平也在逐年提高。

1964年，全旗满6周岁以上、具有小学文化程度以上的人口为21885人，占总人口的58.61%，占满6周岁以上人口的68.59%；1990年，全旗满6周岁以上、具有小学文化程度以上的人口为28378人，占总人口的68.93%，占6周岁以上人口的78.9%。以上数据说明全旗有小学以上文化程度的人口比例已从1964年的31.9%提高到1990年的68.93%。其中具有初中以上文化程度的人口占33.48%，小学文化程度的人口占35.45%。全旗总人口中文盲半文盲人数比例由1964年的47.9%下降到1990年的18.43%。

在全旗各民族人口中，有小学以上文化程度的人口比例逐年提高。全旗总人口中受过小学以上教育的人口比例1964年为31.9%，至1990年达到68.93%。说明全旗文化教育事业有了很大发展，特别是城镇人口中，受过中小学教育的人口达到79.86%，牧区最高达69.2%。文化程度最高的是浑迪乌素苏木，该苏木曾是国营巴彦塔拉农场，外来人口多，文化程度较其他苏木牧民要高。

全旗各族人民文化结构的另一特点是：城镇接受过学校教育的人口比例高于牧区。1964年新浩特镇接受过学校教育的人口比例为48.56%，高出全旗的平均水平，而苏木接受过学校教育的人口比例最高的也只有35.94%。1982年，新浩特镇接受过学校教育的人口比例为75.02%，苏木接受过学校教育的人口比例最高的浑迪乌素苏木为61.37%，最低的洪格尔高勒苏木，比例仅为46.73%。这说明1982年时，牧区还有近一半人（包括6岁以下儿童）为文盲；至1990年，牧区各苏木60%以上的人具备了小学以上文化程度，而文盲半文盲的人口比例降到20%以下。

第二节　阿巴嘎旗现有文化机构

新华书店。1956年，阿巴嘎旗新华书店成立。1974年划归锡林郭勒盟新华书店领导。1983年，新华书店获全国新华书店先进集体称号。1988年，人、财、物交由内蒙古自治区新华书店管理。1999年，有职工9人，书店存书2000多种、3万余册。

电影公司。1956年阿巴嘎旗成立电影放映队。1960年后又陆续建起几个牧区放映队，专门下乡巡回放映。1963年旗电影队改称电影管理站。1981年改称电影公司。1985年，在青格勒宝拉格、那仁宝拉格、巴彦图嘎、吉尔嘎郎图四个边境苏木建立边境苏木放映队，各苏木配备两名放映员。1987年，撤销边境苏木放映队。1994年，电影公司转制。

文化馆。1957年阿巴嘎旗建立文化馆。1958年与乌兰牧骑合并为一套人马两个牌子。1978年恢复建制，并设有专门的办公室和图书阅览室，开展图书储藏、阅览、借阅及图片展览、绘画、书法等文化活动。1979年有工作人员4人，购置报刊110种、图书250册。1984年举办民间工艺美术展览。1985年4月，文化馆与图书馆分设。1999年，有职工6人，其中中级职称3人，初级职称1人，有一名国家三级演员。

乌兰牧骑是阿巴嘎旗成立最早的文艺团体，成立于1958年秋，有演员9人，有手风琴、四胡、二胡、扬琴、笛子、马头琴等乐器。1960年在精简机构中撤销。1962年恢复成立乌兰牧骑。1986年有演员25人。1988年评定技术职称，有2人被评为国家三级演员。1999年有演员20人，其中中级职称6人，初级职称12人。

图书馆。1978年，文化图书馆成立，有3名工作人员。1985年文化馆与图书馆分开，图书馆有工作人员7名，主要职责是藏书、办理借阅手续。1999年，有职工7人，其中中级职称1人、初级职称4人。

文物所。1986年6月，阿巴嘎旗文物所成立。1987年有工作人员4人。1990年有工作人员5人。1999年，有工作人员4人，其中初级职称3人。

业余体校。1990年成立业余体校。主要开展博克、滑冰、篮球、体操等项目的训练活动。1999年，有职工7人，其中中级职称1人、初级职称3人。

文联。1999年10月19日，召开阿巴嘎旗文学界第一次代表大会，成立阿巴嘎旗文联。会上通过了《阿巴嘎旗文联章程》，选举产生了首届文联委员会主席、副主席、秘书长和协会主席。文联下设音舞、美术书法协会、文学艺术协会、摄影协会、民间文艺协会，共有会员205名。

第三节 群众文化和非物质文化

一、业余文艺活动

阿巴嘎旗业余文艺活动比较活跃，主要是民间艺人演唱或乐器演奏。演奏的乐器有古筝、马头琴、四胡、二胡、三弦、笛子、月琴等；庙会乐器有画角、箫、钹、鼓、锣、螺号、摇鼓、摇铃、小钹、小鼓、笙、管、笛等。解放后，随着经济文化的发展，人口的增加，业余文艺活动增添了新的内容，除唱歌、跳舞、乐器演奏外，还增加美术、书法、摄影等。每年节庆日，以旗直各机关单位、民间艺人为骨干，由文化部门积极组织、编排文艺节目，演出歌曲、舞蹈、秧歌等。

1958 年 11 月 18 日，旗直属机关开展创作和收集民歌活动，272 名干部、职工用两昼夜的时间创作民歌 5461 首，平均每人创作 20 首。

20 世纪 60～70 年代，开展群众性唱革命歌曲、毛主席语录歌曲、革命样板戏活动；厂矿、学校等组织唱歌比赛活动，鼓励职工参加群众性的文艺活动。1979 年，巴彦图嘎公社建文化站，之后的三年内各苏木均建立文化站，把图书阅览、科普知识宣传推广、唱歌、跳舞、唱戏等结合起来，丰富了牧区的群众文化生活。

1982 年，巴彦图嘎苏木组织业余文化演出队。1983 年，集中 20 多名民间文化艺人在旗文化站收集民歌。

1984 年 9 月 28～30 日，举办全旗首次业余文艺汇演。每个苏木有 13～15 名歌手参加，共演出 10 场。受到群众的热烈欢迎。

1985 年，锡林郭勒盟文化站现场会在那仁宝拉格、青格勒宝拉格、巴彦图嘎苏木召开，会上阿巴嘎旗被授予苏木文化站先进旗称号。1982 年至 1990 年，全旗文化站的房屋、设施大量增加，共有房屋 2592 平方米、文化车 3 辆、电影机 14 台、照相机 15 部、电视机 7 台、各种乐器 30 多种、图书 8546 册（其中蒙文图书 4173 册）、固定资产达 40640 元。1985 年 12 月，内蒙古文化厅授予阿巴嘎旗“坚持改革，促进社会主义精神建设”匾额。

1987年，由旗文化局、财政局、民族事务局联合成立阿巴嘎旗“三套集成”领导小组，向老艺人马希巴图、布德、巴拉等搜集整理了10多首民歌和部分民间文学。

1991年7月4日至11日，举办全旗第二次业余文艺演出比赛。德勒格尔苏木获一等奖；那仁宝拉格、巴彦德勒格尔苏木获二等奖；巴彦吐嘎、洪格尔高勒苏木获三等奖。

1992年，在锡林郭勒盟首次广播电视大奖赛上，旗业余歌手阿木尔获业余组一等奖；胡日查巴特尔获民歌组二等奖；青格勒图获长调三等奖。

1993年，青格勒宝拉格苏木文化站被授予“全区优秀群众文化站”称号。

1996年，在全区民歌、民乐比赛中，巴图宝音获金奖，胡日查巴特尔获铜奖，青格勒图获优秀表演奖。

1996年7月15日，阿巴嘎旗组建业余“彩虹”歌舞团，由30人组成。

1997年，开展了“迎香港回归”、庆祝党的十五大召开、庆祝内蒙古自治区成立50周年等内容新颖、形式多样的群众性文化活动260次。

二、民间非物质文化

历史上阿巴嘎旗曾涌现出许多善于演奏、歌唱和祝颂的艺人。这些艺人每逢年节、婚礼、那达慕大会、祭敖包等喜庆日子，施展艺技，为人助兴。较著名的有马头琴手阿尤尔扎那；歌手特木丁、斯日古楞、马西巴图；演奏员彭兴格、纳沁、额伯木、和仁格日勒、达尔玛、巴拉根、宝日夫、布日纳巴特尔、嘎拉桑伊希、贡布；演员特木勒、达布海等。中华人民共和国成立后，随着文化教育事业的发展，旗内成立了文化馆、图书馆、乌兰牧骑、文联等，各苏木成立了文化站，嘎查成立文化室，文艺人才汇集于各种文艺团体，繁荣了文化市场。

中华人民共和国成立前，阿巴嘎旗有很多雕刻、裱糊、雕塑匠人。较为著名的有丹毕、贡其格等。丹毕曾为阿尤勒海庙塑过佛像，用两种颜色的琥珀刻成的蒙古象棋，曾收藏于阿巴嘎左旗王府内。中华人民共和国成立后，能工巧匠更是层出不穷。较著名的有敖日布、哈苏乙拉等。敖日布的木雕作品在自治区展览会上获奖，并分别收藏于内蒙古博物馆、内蒙古展览馆。1989 年 9 月，在北京举办的全国第二届雕刻民间艺术展览会上，敖日布的木雕作品参加展出并获文化部颁发的群众文化奖。

三、非物质文化的代表

朝尔歌。“朝尔”系蒙语，原意为“回声”、“回荡”、“呼应”、“响应”之意，朝尔歌曲是蒙古族古老而独特的一种多声部民歌表演形式。最初只在庄重的场合或集会上演唱，类似于交响乐团的演唱风格。它采用浑厚的男声组合伴奏，歌手均为男性。首先由一名歌手唱出一句固定的引子，随即其他伴唱人进入自己的音域，用特殊的发音方法共同发出持续低音“噢 ”（音高一般在 B—C 之间）。有时在低音演唱时还发出与低音相距十二度以上的口哨声，最后群众同声齐唱，把歌曲的情绪推向高潮。演唱朝尔歌曲时要全身放松，使气息充沛，以保证吐字清晰。做演唱的技术处理时，可运用本嗓，也可用小嗓，还可以有真假声结合唱法。朝尔共鸣伴唱在整个音乐行进中形成浑厚的和声，起到协调各声部音色的作用，使声音饱满、贯通。

朝尔歌曲在最初产生时没有歌词，只是艺人们用嗓音模仿江河奔涌、林涛回响、万马嘶鸣等声音。逐渐地，朝尔歌有了歌词，并由一人演唱转变为领唱、轮唱、齐唱等，歌曲内容也有所丰富，在阿巴嘎旗流传的主要有《额日特查干》、《阿拉腾阿如拉》、《罕德勒嘿》、《圣主成吉思汗》、《满都呼那日莫图》、《车布日赛汗荷日》等歌曲。随着声乐艺术的发展，朝尔歌曲已不再有严格的场所限制，有时还在舞台上演出。

蒙语说书。蒙语说书是将古书或历史故事进行加工后的一种语言表达艺术，是阿巴嘎旗蒙古族人民喜闻乐见的一种民间艺术形式。本旗没有固定的蒙语说书场所，几百年来只是流行于民间，由说书艺人自找地方表演。20世纪80年代后，蒙语说书成为内蒙古卫视蒙文台的一项娱乐节目。

文学创作。阿巴嘎草原历史悠久，曾涌现出一代又一代文人才子。有著名的蒙藏翻译家、诗人、喇嘛庙第二世活佛阿格旺丹丕勒，他独立编纂出版了《藏蒙标准分类辞典》（也称《智慧之鉴》）、《阿格旺丹丕勒言语》，和其他翻译家合作翻译了《丹珠尔》等作品。拉木苏荣编纂了《蒙文字原理注释金鉴》，由昌庙木刻印刷厂印刷出版。中华人民共和国成立后，开始有人向报刊、杂志社投稿，多为报道。十一届三中全会后，阿巴嘎旗文化事业迅速发展，从事文学创作的人逐渐增多。从1949年至1999年，阿巴嘎旗作者在国内报刊、杂志上用蒙汉两种文字发表的小说、散文、诗歌、剧本等共达500多篇。

艺术创作。阿巴嘎旗业余作者创作的艺术作品主要有摄影、书法、美术、雕刻、曲艺等。60年代初，阿巴嘎旗开始举办摄影展、工艺品制作展，开展书法、美术竞赛活动，有一些作品参加国内比赛并获得奖项。

此外，著名的风景区乌里雅斯台森林保护区位于洪格尔高勒苏木南15公里处，是浑善达克沙地中突起的一片绿洲，自然景观十分优美，它有茂密的天然灌木林、参天大树，高格斯台河从中流过，河道弯弯曲曲。在河水流过的弯曲浅滩处，还有天然鱼类生长，以华子鱼、鲫鱼居多。乌里雅斯台也是阿巴嘎旗的一个森林保护区，生长着茂密的天然森林，以榆树为主，还有杨树、桦树、黄柳、红柳等树种，森林分布面积15.6万亩。从1958年建立杨都庙林场始，就把该地区作为重点保护的四个林区之一，加以建设和保护。护林的同时，采种育苗，丰年榆树种子可采集一万斤左右。1971年春，从赤峰木架营子引进苹果树苗3000株，建立阿巴嘎旗第一座果园，1975年开始产果。乌里雅斯台犹如一条彩带铺挂在草原上，在林场的河岸边的平地上，林场为职工建起了宿舍，周围种植蔬菜，青山绿水，是旅游休闲的好地方。

宝格达山位于宝格达乌拉苏木所在地南5公里处，锡赛公路北侧。乘坐汽车由苏尼特左旗东行时，在离阿巴嘎旗100多公里远就可以看到宝格达山。宝格达山是因几千年前火山爆发，熔岩堆积而成。远望雄伟壮观，海拔1200米，是旗中部的一座高山。

别里古台奇石在那仁宝拉格苏木所在地西北约2公里处，它平稳地坐落在下边的四块小石头上。几千年经受风吹雨打，岿然不动，被称之为别里古台奇石。每逢当地举办“那达慕”等大型群众性活动时，从外地赶去参加活动的人，都会去观赏这块奇特的巨石。

成吉思汗边墙（指金界壕），位于阿巴嘎旗北部苏木一带，当地居民称之为成吉思汗边墙。西起那仁宝拉格苏木那日图嘎查，从青格勒宝拉格、巴彦图嘎苏木穿过，经吉尔嘎郎图苏木进入东乌珠穆沁旗境，横穿边境四个苏木。阿巴嘎旗境内的金界壕宽度有3.34米，过境里程110公里。据历史学家考证为汉武帝时所建，后金时修缮。

在巴彦图嘎苏木巴彦图嘎嘎查有石刻突厥人身像和人头像，石刻人造型保存完整、栩栩如生。浩日格山岩画位于宝格达乌拉苏木境内。岩画内容丰富，有日月星辰、动物、狩猎和搏斗等场面。图案线条简洁、形象逼真、古朴自然。

第四节 新闻传媒的发展

1956年，阿巴嘎旗收音站成立，设在旗委宣传部。工作人员1人。设备有25瓦直流扩大机一部、25瓦高音喇叭一只、手摇电唱机一部、话筒1个。负责记录中央人民广播电台播放的记录新闻，根据记录新闻组织学习，印发学习材料。同时购进收音机和电池等，为群众收听广播服务。

1959年10月1日，建阿巴嘎旗人民广播站。有线广播正式开播，收音站并入广播站，工作人员3名。设备有100瓦扩大机1部、转播机、电唱机各1台，利用电杆架设2000米广播线路，安装25瓦高音喇叭4只。按时转播中央人民广播电台和内蒙古人民广播电台节目。

1966年，旗广播站有500瓦扩大机2部、转播机2台、录音机2台、电唱机1台、街头25瓦高音喇叭发展到25只，低压线传送入户喇叭800余只，工作人员增至5人。开始为群众修理收音机和小喇叭。

1966年，那仁宝拉格苏木广播放大站成立。这是阿巴嘎旗第一家广播放大站，设备有500瓦扩大机1部、25瓦高音喇叭8只、舌簧喇叭30余只。1967年~1969年，广播工作处于瘫痪状态。1969年12月19日，恢复正常播音，并拨专款购买扩大机、高音喇叭、线音变压器和各种零配件等，修复了广播线路。1970年，巴彦高勒公社（现改称洪格尔高勒苏木）建立放大站，把所属8个生产队全部联通广播和电话，公社领导在办公室通过广播就可以安排工作，指挥生产。被锡林郭勒盟、内蒙古自治区评为先进单位。1971年，各公社相继建立放大站。1974年，各生产队也分别建立放大点，全旗基本形成有线广播网。

从1973年开始广播事业得到了迅速发展，旗广播站机器输出功率达到2000瓦，标准化水泥杆广播专用线路4公里，安装了19只低音音柱。到1979年前，入户喇叭发展到1765只。广播站配备了播音、机务、发电、线路等专业技术人员。

1981年，阿巴嘎旗广播事业管理局成立。下设广播站、广播修理服务部、电视转播台、苏木广播放大站等。1981年秋，伊和高勒公社放大站撤销。1982年旗广播站配备了蒙汉文专职编采人员，正式开办固定的蒙、汉两种语言的地方自办节目，每天播出15～20分钟，主要内容有“本旗新闻”、“专题广播”、“文艺”、“天气预报”等。其余时间转播中央、内蒙古台和锡林郭勒台的节目。1986年1月后，全旗各苏木广播放大站全部撤销。

1981年，阿巴嘎旗人民广播站抽调人员收测电视信号，寻找信号源。1982年，在新浩特镇建立第一座电视差转台，发射功率100瓦，覆盖新浩特镇。1982年7月试播，1982年2月正式转播锡林郭勒电视台、内蒙古电视台复制节目。

1982年12月，开始筹建1000瓦电视差转台，台址在阿巴嘎旗新浩特镇东5公里额日格图乌拉山，铁塔加桅杆总高134米，天线为蝙蝠翼六层，双通道彩色发射机，总投资60万元，实际花费48万元。1984年9月1日正式建成并投入使用。覆盖面积近60平方公里，全旗电视人口覆盖率达70%左右。正镶白旗、正蓝旗、锡林浩特市、苏尼特左旗的部分牧区也可以收看到这座电视差转台播放的节目。每晚转播中央电视台新闻联播和阿巴嘎旗台复录的电视节目。1987年9月，可以收看到通过微波信号传送的内蒙古电视台节目。

1985年1月27日，为解决部分牧区电视收看效果差或收不到电视信号等问题，与当地空军地勤驻军协商，暂借房舍，在巴彦图嘎苏木四方山架设临时天线，建成一座3000瓦差转台，差转额日格图乌拉山1000瓦转播台发射的电视节目信号。1985年7月，又为这座差转台重新架设高50米的铁塔，新建110平方米机房，购置必需设备。1985年12月，阿巴嘎旗南部巴彦德勒格尔苏木干其毛都建成一座100瓦差转台，12月8日正式开播。

1986年9月，阿巴嘎旗广播电视局在额日图乌拉山安装卫星地面接收站，后搬入广播电视局院内。11月1日正式投入使用，接收中央电视台第一套的节目信号。1987年8月，在额日格图乌拉山1000瓦差转台发射机房内安装1台300瓦电视差转机，10月初正式开播，转播内蒙古电视台一套汉语电视节目。

1984年12月，阿巴嘎旗电视转播台摄制播放了第一条“阿巴嘎旗新闻”。到1985年末，阿巴嘎旗电视转播台共摄制播发了新闻节目110余条。1985年广播电视编辑部成立，配备了摄像、录音等设备，培养出一、二级播音员各1名，编辑、助理编辑各1名。到1994年时已有36篇稿件获国家、自治区、锡林郭勒盟的表彰奖励。

1994年筹建有线电视台，当年10月1日第一期工程完工，共投入资金70万元，架线入户1000多户，传输信号为12套节目。1995年8月底完成了安装有线电视第二期工程，投入资金60万元，架线入户2800多户。从1994～1999年，共投入资金130万元，架线总长10公里，入户4210户，能传输21套电视节目。

阿巴嘎旗广播电视部是“局台合一”（广播局、电视台）“三台合一”（广播站、电视转播台、有线电视台）的机构，共有干部职工52人，其中专业技术人员17人，初级职称16人，中级职称1人。自办节目有《阿旗新闻》、《阿旗快讯》、《天气预报》、《普法园地》、《知识窗》、《科技知识讲座》等。

第七章 阿巴嘎旗的交通、信息产业的发展

第一节 阿巴嘎旗历史上与外界的联系与现代化交通的出现

中华人民共和国成立前，阿巴嘎旗地区没有一条完整的公路，交通运输一直沿用旧的盐道、驿道和草原自然路。由于各牧户间相互来往，在各苏木之间、苏木与嘎查之间、各嘎查之间逐渐地形成一条条草原自然路。这些土路除少数被利用整修成公路外，其余遍布全旗境内，形成四通八达的不规范土路网。

盐道。清代，汗贝庙的牧户们从额吉淖尔盐池拉盐。主要盐道是从汗贝庙（今新浩特镇）始东北行，经巴西巴彦乌拉（额尔敦高毕苏木境内）、阿尔善宝拉格（锡林浩特市境内）、额和宝拉格苏木（东乌旗境内）至额吉淖尔。

驿站。清代，交通以北京为中心，维持内地与边陲联络主要靠驿道。清代设立的5条驿道中有1条途经阿巴嘎，阿巴嘎辖区内有4个驿站：毛敦努乌日特（在今毛敦努锡力音呼布格南面）；阿尔恰图音乌日特（在原阿巴哈纳尔左翼旗锡日塔拉南、锡林河西岸）；昭索音乌日特（在今灰腾河站北面）；额莫格德音乌日特（在今正蓝旗高格斯台河源头）。后期建的驿站有古勒奔脑干努乌日特和白音宝拉格乌日特，位置都在今查干淖尔苏木境内。

官道。古代，经阿巴嘎境内的古道有呼勒希日扎莫和朝古拉干扎莫。

1. 呼勒希日扎莫是一条从伊和呼勒（今蒙古国乌兰巴托）至多伦淖尔（今多伦县）的古道。蒙古国的图希耶图汗和吉布增旦巴活佛曾经从此路经过，因吉布增旦巴是黄教的活佛，故被称为希日扎莫（意为“黄路”。）这条路从吉日嘎朗图音花（今吉尔嘎郎图庙，边防十三连驻地）东面进入阿巴嘎旗界，往南经宝格达乌拉东侧、昌图庙（今查干淖尔苏木）东、呼图勒乌苏、达嘎音俄勒苏（今浑善达克沙漠）到多伦淖尔。这条路有一个岔道，从都希音高壁（今那仁苏木境内）东北进入阿巴嘎旗界，往南经过昭和音花（今朝格温都尔）、昌图音花（今巴彦查干苏木境内昌图敖包）沿呼日查干淖尔东岸往南过哈拉赞庙会，多伦达巴至多伦淖尔。

2. 朝古拉干扎莫是一条横贯锡林郭勒盟十旗的重要道路。这条路以原阿巴哈纳尔左翼旗的朱恩扎哈、毛敦努锡力、巴达拉呼乌苏至格根庙（今锡林浩特市）经乌格木日音钢嘎、扎布格音锡力（今巴彦德勒格尔苏木境内）、古勒奔脑干、昌图庙（今查干淖尔苏木）往西路过达拉额和庙、格根图庙到西苏旗。

3. 1945 年苏蒙红军东路军从吉尔嘎郎图苏木吉尔嘎郎图嘎查进入阿巴嘎旗界，经代喇嘛庙（今伊和高勒苏木境内）到贝子庙。西路军沿着呼勒希日扎莫（黄路）兵分两路经多伦县到张家口。

干线公路有 1 条。1939 年，日本侵略军从内地抓来 300 多名民夫，修筑贝子庙——西苏尼特德王府路，即贝西路。重点施工区是阿巴嘎旗杨都庙一带。

1955 年前，汗贝庙不通班车，贝子庙至温都尔庙路线经旗南三十公里处而过。阿巴嘎旗在巴彦查干和红格尔庙设置驿站，为来往人员和邮件包裹进行中转。1955 年 4 月，以内蒙古自治区交通厅和锡林郭勒盟交通科组成的公路视察组选定了从温都尔庙沿旧路东行，经猴头庙、明干查布其尔、二道井、扎来庙、阿尔善庙、贝勒庙、昌图锡力、毛敦、西里乌苏、红叶井、汗贝庙、三面井、平顶山、查干哈沙图、白音淖尔至贝子庙的路线，这条路除对部分弯曲路段裁弯取直外，多利用原畜力车道。工程于4月中旬开始施工，采用流动作业的方法，配备了牛车、马车等运输工具，经过一个半月的填平补齐、清沙换土，工程于6月1日竣工。结束了阿巴嘎旗不通班车的历史。

1985年，呼（呼和浩特市）锡（锡林浩特市）公路被列入内蒙古自治区“七五”重点建设项目。工程于1985年全线开工，1989年竣工。呼锡公路西从苏尼特左旗进入阿巴嘎旗界，经宝格达乌拉苏木，巴彦查干苏木、新浩特镇、浑迪乌素苏木入锡林浩特市界，过境里程90公里。路基宽10米，城镇入口12米，路面宽7米，为国家三级干线公路，黑色油路面。1997年底此线延伸至霍林郭勒市，改称呼霍线，阿巴嘎旗过境里程99公里。

边防公路有3条。1. 新浩特镇——乌力吉特敖包从新浩特镇始东北行，经吉尔嘎郎图苏木到乌力吉特敖包。全长184公里，其中四级公路2公里（新浩特镇出口），路基宽6.5米，路面宽3.5米，自然路182公里。2. 新浩特镇——扎兰乌拉线从新浩特镇始西北行，经那仁宝拉格苏木到扎兰乌拉。全长146公里，为自然路。3. 扎兰乌拉——塔日根敖包从青格勒宝拉格苏木扎兰乌拉，途经巴彦图嘎苏木所在地胡吉尔图，伊和高勒苏木北部到塔日根敖包，全长380公里，为自然路。

苏木公路。1. 新浩特镇——玛尼图煤矿线从新浩特镇始，经额尔敦高毕苏木，伊和高勒苏木到玛尼图煤矿。全长126公里，其中四级公路4.5公里，路基宽6.5米至9米，路面宽3.5米，为低级泥结碎石路面，自然路121.5公里。1978年对该线25公里处（伊和乌苏梁）进行简易改造，长1公里。1978年在伊和高勒苏木建过水路面。1986年在该线66公里处（额尔敦高毕苏木至伊和高勒苏木段）修建路基3公里，路面10500平方米。

1987年对25公里处（伊和乌苏梁）进行重新修建，新建路基1.5公里。

2. 新浩特镇——巴彦图嘎苏木线。从新浩特镇始，经宝格达乌拉苏木、那仁宝拉格、青格勒宝拉格苏木到巴彦图嘎苏木全长188公里，为自然路。

3. 新浩特镇——洪格尔高勒苏木线。从新浩特镇始，经浑迪乌素苏木、德勒格尔苏木到洪格尔高勒苏木。全长125公里，其中四级公路1公里，路基宽6.5～7米，路面宽3.5米，为低级泥结碎石路面，自然路124公里。1986年在该线122公里处（雁蛋沟）修建路基，修整路面800平方米。

4. 新浩特镇——巴彦德勒格尔苏木线。从新浩特镇始，经查干淖尔苏木到巴彦德勒格尔苏木有两条路。一条路从新浩特镇始南行经白音乌拉嘎查至查干淖尔苏木。全长102公里，为自然路。一条路从新浩特镇始，西行经查干淖尔嘎查至查干淖尔苏木。全长120公里，其中从新浩特镇西出口至向南拐弯处为呼霍三级公路，重复里程20公里，自然路100公里。

交通运输工具是构成交通运输的物质条件，长期以来，牧区的交通运输工具主要靠牛、马、骆驼和勒勒车。马是牧民不可缺少的交通工具之一。因为草原辽阔、居住分散，骑马便成为代步最方便的工具之一。蒙古族男女老少均擅长骑马，所以把蒙古民族称之为“马背民族”，凡是放牧、探亲访友、出门办事都要骑马。马的体质结实强健、适宜粗放、易饲养、吃苦耐劳，是蒙古族最喜欢的乘骑之一。马日行100～150公里，草原牧民从小就开始学骑马，五六岁的小孩便能跟父母到牧场放牧，到十岁左右，能在马背上不用皮鞭自由驰骋，参加那达慕赛马运动。

勒勒车（也叫“大样车”），这种车轮子较高，直径最大有1.4～1.5米，轮子多用桦、榆等硬杂木制成，车辕较长。本地区牧民使用的勒勒车可分为几种：主要有装上抬篓拉水用的水车；

有用柳笆圈起来的捡粪车；有车上装有木架棚，用皮张、毡子覆盖，可遮风挡雨雪保暖的“轿车”和储藏车；还有用来搞运输、搬家的平板车。勒勒车的用途广泛，它可以拉水、拉草、运送燃料，又可以搬家，用于婚丧嫁娶。勒勒车能在泥草或崎岖不平的路上通行，阻力小，简单适用，最适宜在草原上、沙漠上行驶。草原上夏季牧草繁殖茂盛，雨水多易形成沼泽地。冬季积雪深厚，特别在沙漠地带机动车会被堵塞下陷。而勒勒车由于车轮宽，摩擦力大不易打滑所以畅通无阻。在使用勒勒车时，一般用牛拉，有的一户有4~5辆，甚至数十辆。前后车用绳子连在一起，人们褒以“草原列车”之称。每逢走场时，老人、小孩坐在第一辆有棚的车里，在草原上缓缓前进。勒勒车也可用马拉、骆驼拉，但最常见是用牛拉，所以在草原上牛作为交通工具主要用来拉勒勒车。

骆驼是沙漠地区，也是草原上冬季乘骑的主要交通工具之一，有“沙漠之舟”美称。沙漠地方水草缺乏，骆驼食用沙漠与半沙漠生长的植物，具有耐饥渴、抗严寒、能负重的特点。一峰成年驼，一般能驮150~200公斤物资，相当于自身体重的40%。因乘骑骆驼较暖和，本旗牧民在冬季，常常喜欢骑骆驼放牧或外出办事。骆驼有吃苦耐劳，几天不喂草、不饮水能连续行走的特点。在沙漠中，常常可见成群结队的骆驼运输队，也是将骆驼首尾相连，驮上物资，成串在沙地上鱼贯而行。骆驼虽不善于飞奔疾驰，但腿长步子大，蹄子与地面接触面积大、行步稳健、持久力强，日行约60~70公里。用于骑乘的骟驼，其速度与持久力接近一般的马。特别在冬季骑骆驼一般不出汗，骑马则容易使马出汗，突然停下来，马的体表受冻，不利于保护马匹。牧区有在那达慕会上赛骆驼的习惯。

1954年，全旗拥有牛车10341辆。1985年8月1日，旗内以集体制，个人入股分红的形式成立牛车运输社，全称为“汗贝庙牛车运输社”。有社员 16 人，每股 200 元，共 32 股。1959 年该社建房屋 10 间，房址在现工程公司院内。牛车运输社的收入除提留 20%的公积金外，其余全部按股分红。1958 年、1959 年曾两次分红，分红款分别是 100 元/股，316 元/股。1962 年，股东退股。1965 年牛车运输社与基建社合并。

汽胶轮马车是 1958 年后逐步发展起来的运输工具。1959 年，阿巴嘎旗建立马车运输队。1961 年改名为地方国营阿巴嘎旗马车运输公司，拥有汽胶轮马车 70 辆。1962 年仍称马车队，马车压缩到 46 辆。主要承担着旗所在地到张家口、赛汗塔拉、锡林浩特、玛尼图煤矿及各苏木间粮油、百货、日杂、土畜产品、煤炭等的运输任务，辅以土、沙、石、砖等建材的短途运输，以春、夏、秋季为生产旺季。1977 年完成货运量 3.1 万吨，货运周转量 25 万吨公里。随着生产力的不断发展，畜力运输越来越不能适应和满足人民生产、生活的需求。1977 年 12 月，撤销马车运输队，组建运输公司。阿巴嘎旗自 1963 年开始有了汽车运输，运输工具为解放牌汽车。从 1980 年开始，运输公司对老式解放牌载重汽车进行分批更新，逐渐更新为东风 140 型载重汽车、解放 CA15 型载重汽车。1995 年后，加长、超加长的载重货车逐渐取代了带拖挂的货车。

阿巴嘎旗公路客运始于 1955 年 6 月，即锡赛客运路线开通之后，撤销巴彦查干接待站，在汗贝庙设中转站，日交客运班车 2 个班次。1967 年，该中转站改称新浩特汽车站。1971 年，汽车站交阿巴嘎旗联运站管理。1972 年，归回锡林郭勒盟运输公司，为外站之一。

新浩特镇通往各苏木的客运是以货车代替，但不能保证正常的营运。因气候、道路、车辆等原因，脱班现象严重，每到冬季停运。1978 年，阿巴嘎旗运输公司客运站建立，主要承担新浩特镇通往旗内各苏木的客运任务。有客运路线 4 条，营运总里程

651 公里。开通新浩特镇至 13 个苏木定期客运双日班车，设乘站点 15 处。1998 年有大客车 6 辆，300 个客位；中客车 6 辆，120 个客位。1998 年从业人员 10 人，完成客运量 8.4 万人次，客运周转量 124.2 万人/公里。

1998 年，旗运输公司实行企业转制，客运站班车、苏木客运线路有偿转让给盟运输公司，此后苏木客运由盟运输公司承担。随着旗运输公司的转制，个体客运迅速发展，并以其快捷、方便、周到的服务占据了客运市场的主导地位。

1962 年，阿巴嘎旗有载货汽车 3 辆，但不从事专业运输，货运主要靠畜力运输。

1963 年，机械化管理局下设汽车运输队，有解放牌汽车 5 辆，油罐车 1 辆，主要承担打贮草的运输任务。到 1968 年，货运量达到年均 1 万吨公里（包括拖拉机运输在内）。1970 年，汽车运输队改称阿巴嘎旗汽车联运站。1972 年，汽车联运站改称阿巴嘎旗革命委员会生产建设部汽车队。1974 年，恢复名称为阿巴嘎旗汽车运输队。

1973 年，物资部门购进汽车，主要承担各种物资的调运。1982 年，成立物资车队。最多时汽车达到 5 辆，一次货运量达 27 吨。

1977 年 12 月，撤销汽车运输队和马车运输队，组建阿巴嘎旗运输公司和阿巴嘎旗汽车修配厂。原马车运输队的车马作价卖给工程队，办公室移交给新组建的运输公司；原汽车运输队的汽车、驾驶员移交给运输公司，行政管理人员、修理工和房产移交给汽车修配厂。

1978 年，商业局、供销社将汽车集中统一管理，成立了商业车队，有汽车 5 辆。1984 年，商业车队移交运输公司。1978 年，成立畜牧车队，有汽车 14 辆。1982 年，撤销畜牧车队，车辆分给受灾的苏木、嘎查和牧户。

上世纪80年代后，旗直属各行政机关、事业单位、厂矿企业和基层供销社陆续购进了载重汽车。随着货运市场的放开，专业运输汽车和非专业运输汽车同时进 入市场，形成了以国营为主、集体为辅、个体补充的货运形式。

到上世纪90年代后，随着个体货车的增加，货运逐渐以个体货运为主。1999年底，共有载货汽车216辆，总吨位633吨。1999年货运量23万吨，货运周转量6055.7万吨/公里。

1997年，阿巴嘎旗公路运输管理站改称公路运输管理所。1999年，阿巴嘎旗公路运输管理所有干部职工12人，内设综合股、稽查股、办公室。1999年征收运输管理费22.09万元，客运附加费0.77万元。

2005年货运量675471吨，货运周转量73659604吨/公里。旗内8字形公路网与国道207线、省道101线构成方便、快捷的交通主干线，每日均有从巴彦查干镇开往呼和浩特、锡林浩特、张家口等地的班车。

第二节　邮电信息产业

一、邮政事业的发展历史

早在元朝初期，蒙古军在所到达的地方都建立了通信网络，最初的通信联络尚无固定名称和管理体制，1219年定名为“站赤”（蒙古语：扎门乌日特）。清代沿袭了元明两代“站赤”旧制，但把“站赤”通信的组织改称为“驿站”。清代的驿站组织明确为盟旗衙门章京领导，专为传递官府公文、转运物资、接待过往军政人员食宿和换乘服务。

1940年，伪蒙疆政府在贝子庙设立邮电局，邮路途经阿巴嘎右翼旗洪格尔庙（今阿巴嘎旗与苏尼特左旗交界处）、阿巴哈纳尔右翼旗巴彦查干（巴彦查干苏木）。阿巴嘎各旗进出邮件由驿站送到红格尔庙、巴彦查干交接邮递。

1946年后，阿巴嘎各旗先后建立了人民政府，分别接管了旧驿站机构、人员。1954年11月1日，在西联旗驻地汗贝庙建立"汗贝庙邮政营业处"，主要办理进出邮件，发往各苏木的邮件仍由驿站传递。1956年5月，锡林郭勒盟邮电局派干部常金龙来西部联合旗组建邮电局，接收了汗贝庙邮政营业处、旗政府无线电台、报务员、旧驿站的人员和设备。西部联合旗邮电局行政上归旗政府领导，业务上隶属锡林郭勒盟邮电局。1956年底有职工26人，自办马、驼乡邮路460单程公里，在原驿站的基础上设立了巴彦图嘎（今伊和高勒苏木明图庙址）、查干淖尔、巴彦高勒（今洪格尔高勒苏木）、那仁宝勒格四个苏木邮电所。1958年9月设立阿尔善宝拉格邮电所。1961年9月，阿巴嘎旗5个人民公社划分为12个人民公社、2个牧场后，分别建立了汉乌拉（今德勒格尔）、宝格达乌拉、额尔敦高毕、吉尔嘎郎图、青格勒宝拉格、伊和高勒6个人民公社邮电所。至此，当时全旗所辖12个人民公社，除巴彦查干公社驻地在旗所在地外，其余11个人民公社都建立了邮电所。

1970年1月，遵照中央"邮电分设管理的决定"，旗邮电局分设为邮政、电信两个部门。1973年4月，遵照中央"恢复邮电公设的决定"，邮政、电信两局合并，恢复了阿巴嘎旗邮电局建制。1992年10月，阿巴嘎旗邮电劳动服务公司成立。

1994年，新浩特镇邮电所开业，经办电报、电话、函件、包裹、汇兑、报刊发行、邮政储蓄等业务。1995年，邮政股分设为邮政市场部和乡村邮电管理部。1998年，邮政市场部改称邮政经营服务部。

1998年9月，阿巴嘎旗邮电局实行分营改革，分设为阿巴嘎旗邮政局和阿巴嘎旗电信局。划归邮政局职工60人，划归电信局职工 79 人。分设后的邮政局内设综合办公室和经营服务部；电信局内设综合办公室和市场经营部。

1999 年 7 月，移动通信从电信剥离出去，划归职工 10 人。

2005 年邮政营业额 117.87 万元。电话交换机总容量 15000 门，公用电话 501 户，固定电话 12573 户，其中小灵通用户 4003 户，互联网用户 620 户。移动电话 12573 户，其中小灵通用户 9500 户，联通 2000 户，全年营业额分别为 700 万元和 150 万元。

二、邮政网络

1952 年，旗内主要邮路有 6 条：汗贝庙——一佐（那仁宝拉格公社）；汗贝庙——二佐（巴彦图嘎公社）；汗贝庙——三佐（查干淖尔公社）；汗贝庙——五佐（洪格尔高勒公社）；汗贝庙——六佐（宝力根公社）；汗贝庙——七佐（阿尔善宝拉格公社）。1954 年底，汗贝庙邮政营业处建立后，阿巴嘎旗至锡林郭勒盟邮件由锡林浩特市邮电局用苏式马车每 3、4 天来旗交换一次。1956 年 5 月 1 日，锡林浩特运输公司开通锡林浩特至赛汗塔拉客运班车。阿巴嘎旗进出邮件开始委托班车运送，当时班车在巴彦查干停车，邮政营业处用马车到巴彦查干交接。

旗所在地至各苏木的邮件，邮政营业处委托旗总驿站免费投送，苏木间及苏木至嘎查的邮件则靠牧民捎转，无投递路线。1956 年 6 月 1 日，西部联合旗邮电局建立，旗至苏木间邮路仍沿袭驿站时路线。除旗所在地至宝力根苏木是委托汽车邮路外，其余通往各苏木都是马驼 2～3 日班。1956 年，乡邮路线 550 单程公里（其中马驼邮路 460 单程公里，委办邮路 90 单程公里）。1958 年，洪格尔军马场开办流动邮电所，派员到旗交换邮件。

1962 年，乡邮路线改变为：原巴彦图嘎邮电所由明图庙移至伊和高勒苏木；原那仁宝拉格邮电所移至查干敖包（今那仁宝拉格苏木）；白音高勒（今洪格尔高勒苏木）至旗之间增设了汗乌拉邮电所（今德勒格尔邮电所）；旗至那仁宝拉格改从宝格达乌拉绕行。1962 年底，邮路总长 597 单程公里，委托旗驿站代理 90 单程公里，马驼乡邮为 3～4 日班。1964 年，锡林浩特邮车站建立，锡林浩特至赛汗塔拉改为自办汽车邮路，在旗所在地新浩特镇交换邮件，曾经历 3 日班、隔日班，1985 年后改为双日班。

1993 年，邮电局购置邮运车辆，采取“客邮两运”的办法，将原来的 4 条委办邮路中的两条改为自办邮路。1998 年，在旗运输公司委办邮件运输形式取消后，全旗邮路全部改为邮电局自办。自办邮路总长 630 单程公里。

1994 年 5 月 1 日，将原来由张家口市邮电局经转的锡林郭勒盟南北部邮件、报刊分别由集宁、呼和浩特市经转。呼——锡、集（宁）——太（旗）快速长途自办汽车邮路开通后，阿巴嘎旗的邮件、报刊传递速度提前了一至两天，《内蒙古日报》当日可达，次日见报；《人民日报》、《工人日报》、《参考消息》等主要报纸次日可达，隔日见报。

三、邮政业务

1945 年前的旧驿站服务于官府衙门。1945 年至 1954 年，旗驿站主要传递公务邮件。1954 年汗贝庙邮政营业处建立后，开办信函、汇兑、包裹、报纸杂志发行业务。

1956 年西部联合旗邮电局建立后，配备了机要员，开展了机要信函业务。1960 年开办特种挂号业务。1977 年在包裹项内开办了 2 类保价邮寄。1986 年将本旗对各苏木机要信函改为特种挂号寄发，停发机要信函。1987 年 5 月，开办邮政储蓄业务。

1988 年 5 月，由于运输公司票价运费的调整，委办乡邮由原来的三日班改为七日班。1990 年，邮储实行利差改革，阿巴嘎旗邮电局抓住时机，积极揽储，年底余额达到 81.77 万元，居全盟之首。

1995年，开展邮购业务，全年销售各类产品2.4万元。1998年8月，邮政储蓄实现盟内联网。1998年10月，开办点对点邮运直递业务。1999年2月，邮政储蓄进入全国网并开办异地存取业务和通存通兑业务。集邮在本旗始于20世纪50年代末期，“文化大革命”期间中断，1980年后逐渐恢复，1985年后迅速发展起来，1987年底集邮销售额4933.72元。集邮种类分为：普通、纪念、特种三大类，旗邮电局设专人负责，并直接与内蒙古邮票公司订销。1998年7月，锡林郭勒草原邮票首发式在锡林浩特市举办，阿巴嘎旗为配合该套邮票系列邮品发行活动，刻制风景纪念戳一枚，图案内容为突厥石人。1999年集邮销售额12.01万元。

阿巴嘎旗电报通讯始于1952年，锡林郭勒盟衙门及所属东浩齐特旗、西浩齐特旗、阿巴哈纳尔右翼旗、阿巴嘎旗左翼旗、阿巴嘎右翼旗分别配有15瓦小型电台，每台配有一名报务员。盟旗之间每天定时会晤传输电报，当时采用英文收发，备有蒙、英文译电薄。电台归旗衙门总务科管理。

1952年9月，锡林郭勒盟公署从天津市电信局租用了5部小型（15瓦）全套无线电台，分别设在锡林郭勒盟所在地贝子庙和所属各旗，其中一部设在西部联合旗所在地贝子庙，归旗政府秘书科直接领导。采用阿拉伯数字明码收发电报，与锡林郭勒盟公署电台每日上午、下午两次定时会晤，为党政机关、群众团体、企事业单位收发公文电报。1956年6月，西部联合旗邮电局建立后，接收旗政府的15瓦电台和随机报务员。从此，无线电报设备和业务归属邮电局管理，每天上午、下午、晚间三次与锡林郭勒盟邮电局定时会晤。1957年10月，随着锡林浩特至苏尼特右旗所在地赛汗塔拉镇长话线路的架设，本旗邮电局与锡林郭勒盟开通了有线人工电报业务。1958年，由内蒙古邮电局给本旗邮电局和阿尔善宝力格、巴彦图嘎、那仁宝力格、巴彦高勒

(今洪格尔高勒)、查干淖尔苏木邮电所分别配备了“55型15瓦”国产无线报话机电台。当时阿巴嘎旗所辖6个苏木中除伊利特外（因靠近锡林浩特，架设了简易农话线路，与旗沟通有线电报和电话），其他5个苏木都设立了无线电台，开办了邮电通信业务。1963年至1968年，全旗13个苏木（牧场）至旗之间全部架通有线电话，有线话传电报逐步取代了无线电报。1977年，旗邮电局曾开办传真电报通讯，不久停办。1985年，锡林浩特与旗新浩特镇之间设幻象电报电路1条，旗邮电局与旗气象站设话传电报电路1条。1985年后，将长话幻象电路安装收发报机改为载波电报报路。

1987年，旗邮电局与13个邮电所之间电报业务仍用电话线路做话传，北部各苏木以伊和高勒苏木作为中转站，南部苏木以浑迪乌素和查干淖尔苏木作为中转站，外旗电报由锡林浩特市经转。建局之初的1956年，全年完成电报业务量1000份，1987年17728份，1999年完成电报业务量7808份。

长途电话业务是从1957年8月开始的，锡林浩特至赛汗塔拉间架设了长途电话线路，该线路在阿巴嘎旗汗贝庙开口。旗邮电局安装了长话、市话合用交换机1台，1957年11月与锡林浩特市、苏尼特左旗、苏尼特右旗试通话。1964年，中国人民解放军驻旗903部队在该杆路上架设了直径3毫米的铜线1对，在旗邮电局西侧建立了载波机务站，安装了锡林浩特至呼和浩特12路载波电话增音机、阿巴嘎旗至锡林浩特12路增音机、阿巴嘎旗至锡林浩特3路载波电话终端机。1971年，903部队管理的载波室、动力室移交给旗邮电局后又增设了阿巴嘎旗至苏尼特右旗3毫米铜线1对、锡林浩特至呼和浩特2米312型载波电话增音机1部、阿巴嘎旗至锡林浩特2米202型载波电话终端机1部、阿巴嘎旗至苏尼特右旗BBO型3路载波电话终端机1部。

1977年增置了24路电话会议汇接台1部。1978年，安装了

905 型 400 门步进制自动交换机，实现了新浩特镇电话用户自动拨号。1984 年，本旗至锡林浩特杆路上加挂（7×1.8）铅线 1 对，本旗至苏尼特右旗 3 毫米铜线 1 对，增置了 2 米 312－Ⅰ型载波电话增音机 1 部。

1990 年，将 905 型交换机更新为 921 型 1000 门纵横制交换机。1994 年，开通 HJD04 型 2000 门数字程控交换机和光缆传输系统，实现国际、国内长途电话直拨。随着市话用户增多，1996 年，扩容程控交换机 2000 门，1998 年扩容程控交换机 2000 门，1998 年扩容程控交换机 1000 门。到 1999 年底，阿巴嘎旗拥有程控交换机总容量 5000 门。1998 年，开通移动通信电话。1999 年，开通 163 互联网、169 多媒体通信网。

农牧业电话业务具有一定的特殊性，特别是在边境区域电话的意义非常重大。1958 年，旗至各苏木邮电所利用“55 型 15 瓦”无线报话机传话。1963 年，旗通往北部 6 苏木的农话线路（4 毫米铁线）架通，路线为：新浩特镇—额尔敦高毕（开口）—伊和高勒（开口）—青格勒宝拉格、巴彦图嘎（各 1 对线开口）；青格勒宝拉格—那仁宝拉格；伊和高勒—吉尔嘎郎图，1964 年增置了在旗至伊和高勒（开口）至青格勒宝拉格之间杆路上加挂 7×1.2 毫米铅线 1 对。1965 年，新浩特镇—查干淖尔（开口）—巴彦德勒格尔（终端）架 4 毫米铁线 1 对。1967 年，新浩特镇—巴彦塔拉（今浑迪乌素）（开口）—汗乌拉（今德勒格尔），新浩特镇—洪格尔军马场各架 4 毫米铁线 1 对。1968 年，汗乌拉至巴彦高勒（今洪格尔高勒苏木）架 4 毫米铁线 1 对。至 1968 年，全旗 13 个苏木除巴彦查干苏木按市话管理，宝格达乌拉苏木系利用本旗至苏尼特左旗长话线上接通以外，其余 11 个苏木全部架通实线电话。

1977 年至 1980 年，先后完成边境 4 个苏木至所属各嘎查及境内边防站、哨所间和查干淖尔苏木至渔场的地下电缆架设。

1971年，旗至巴彦塔拉（今浑迪乌苏）、旗至伊和高勒之间开通了6941型3路载波电话；旗至查干淖尔、旗至伊和高勒至青格勒宝拉格之间开通B－845型单路载波电话。1980年，将旗至伊和高勒线路上的6941型 载波机更换为2MH－103型环3路载波机，并接入自动交换机网，与旗市话可自动拨号接通。旗至巴彦塔拉（今浑迪乌素）间6941机更换为B－845型单路载波机。1981年以来，原架通的边境四苏木至所属嘎查、境内边防站、哨所电缆由于气候影响，年久失修，逐渐不能使用，除巴彦图嘎苏木至两个哨所能通话外，其余全部停用。

1963年，全旗拥有农话交换机6部，接入电话26部，杆路总长211.95公里，线路总长406公里。1971年，全旗拥有农话交换机13部，接入电话118部，杆路总长436.47公里，线路总长1279.34公里。1987年，全旗拥有农话交换机13部，装机总容量450门，接入电话168部，杆路总长430公里，线路总长1458公里，电缆492.7公里（多报废）。1994年底，阿巴嘎旗共安装农用电话140部。

1995年10月，伊和高勒苏木利用原传输线路开通ZDD303明线高十二路载波机、STO－2000型128门模拟程控交换机，是阿巴嘎旗实现电话直拨的第一个苏木。

1996年8月，先后开通了吉尔嘎郎图、额尔敦高毕、宝格达乌拉三个苏木STO－2000型80门程控交换机和玛尼图煤矿程控集线器。1996年12月，开通查干淖尔苏木30路数字微波系统和HJD04RM－256门数字程控交换机。1997年12月，开通巴彦德勒格尔苏木程控集线器和洪格尔高勒苏木微波系统128门程控交换机。1999年2月，开通青格勒宝拉格苏木STO－128门程控交换机。1999年11月，开通那仁宝拉格苏木程控集线器和巴彦图嘎苏木STO－128门程控交换机。1999年底，各苏木共安装农用电话640部。

第八章　阿巴嘎旗的经济发展

第一节　畜　牧　业

一、畜牧业的基础——草场

阿巴嘎旗天然草场面积 275 万公顷，占全旗土地总面积的 97.79%。其中可利用草场面积 248 万公顷，占草场面积的 91.82%；缺水草场面积 50 万公顷，占草场面积的 18.5%；打草场面积 53 万公顷，占草场面积的 19.75%。草场类型有草甸草原、典型草原和沙丘草原。全旗天然草场分 4 大类、14 个组、37 个类型。主要草场类型：

（一）高平原干草原草场类：主要分布在中部、北部 9 个苏木的熔岩台地地区，是阿巴嘎旗的主体草场类。面积 196.90 万公顷，占全旗草场面积的 72.86%，其中可利用草场面积 187.06 万公顷。草群以中旱生草本植物为主，混生大量的旱生植物，主要有：大针茅、克氏针茅、羊草、冷蒿、糙隐子草等。干草产量平均每亩 37.92 公斤，载畜量每亩 28. 49 个羊单位。

（二）低山丘陵干草原草场类：主要分布于北部苏木中蒙边境线一带。面积 19.64 万公顷，占全旗草场面积的 7.25%。草群以旱生草本植物为主，广泛分布着丛状散生小叶锦鸡儿、羊草、大针茅、冷蒿等。干草产量平均每亩 52.69 公斤，载畜量每亩 23.03 个羊单位。

（三）沙丘沙地植被草场类：主要分布于南部巴彦德勒格尔、查干淖尔、洪格尔高勒等苏木。面积 38.82 万公顷，占全旗草场总面积的14.37%，其中可利用草场面积33万公顷。草场局部高而茂盛，但普遍低而散。建群种、优势种和常见的伴生种植物有小叶锦鸡儿、沙蒿、叉分蓼、冰草、宜耆、沙生冰草、冷蒿、羊草等。干草产量平均每亩53.5公斤。载畜量每亩25.91个羊单位。

（四）河泛地、湖盆低地草甸草场类：属于非地带性植被，几乎遍布全旗，但以南部为主。面积14.91万公顷，占全旗草场面积的5.52%，其中可利用面积10.41万公顷。土壤湿润、水源丰富，草群以湿生禾草及湿生杂草为主，草高茂密、草质较差，建群种、优势种和常见伴生种植物有芨芨草、羊草、鹅绒委陵菜、水麦冬、海燕菜、苔草、无芒雀麦、蒲公英等。干草产量平均每亩44.31公斤，载畜量每亩36.2个羊单位。

阿巴嘎旗天然草场属良质低产型。2等草场占草场总面积的75.27%，7级草场占草场总面积的78.18%。各等级草场分布概况是：较高等级草场，主要分布在北部、中部东段台地区和东南角的各苏木；4等和8级草场有一半分别分布在查干淖尔和巴彦查干两苏木的西段地区。从整体看，南部草场不及北部草场。

阿巴嘎旗可利用草场面积248万公顷，年平均产可食干草9.74亿公斤。暖季可饲养193.28万羊单位牲畜；冷季可饲养154.62万羊单位牲畜。

全旗有打草场面积53.3万公顷，占可利用草场面积的21.49%，主要集中于缺水草场（灰腾锡力、东达锡力、阿日锡力）。此外还有6.7万公顷的草库伦有打贮草条件，可提供4000万公斤的打贮草。

二、草原建设

1965年，响应自治区提出的“全面规划、加强保护、合理利用、以水为主、水草林有机结合，大力进行草原建设”的方针，开始进行草场围封建设。各公社、牧场都相继成立草原工作站，掀起学习乌审召的群众性草原建设高潮。上世纪70年代开始用石头、草坯、柳条、防护沟等围封草场，共围封14044公顷。后来，原始的围封法逐渐被水泥桩刺铁丝围封法取代。进入90年代发展成网围栏，至1990年全旗共围封草场3.1万公顷，至1999年共围封71万公顷。

1972年，各社队组成以民兵、共青员、妇女为主的草原建设突击队，掀起群众性的围建草库伦高潮。在打草场、冬春营地、退化草场上围建草库伦。1974年末全旗有80%的生产队建起形式多样、大小不等的草库伦，面积3667公顷。

1977年全旗范围内开展“大学习、大宣传、大落实、大贯彻”活动，大兴“水、草、林、机”四配套草库伦建设。翌年，全旗草库伦总面积2.4万公顷，畜均0.08公顷。其中“水、草、林、机”四配套草库伦达2062公顷，年内打草2495万公斤，收获饲料39.92万公斤。松土补播羊草、冰草1005公顷。

1990年，全旗草库伦815处14.95万公顷，畜均0.13公顷，其中配套草库伦174处3.7万公顷，撒播草籽面积3653公顷，年内打草8092万公斤。1996年，全旗围栏草库伦面积26.88万公顷，其中，当年围栏4.08万公顷，配套草库伦5.56万公顷；年内打草1790万吨，青贮饲料12275吨。至1999年，全旗围栏2057处30.47万公顷，其中配套草库伦80处133.3公顷。

60年代开始，阿巴嘎旗天然草场逐步退化，部分草场退化、沙化严重。1960年全旗开荒种地面积26.5万亩，大片优良草场原植被被破坏。退耕后，草的品种、质量下降。自80年代开始，连续的超载过牧，使草场失去休养生息之机，加快了草场退化的速度。由于受水源等限制，畜群多集中于饮水点、居民点，更导致单位面积载畜量过高、利用草场时间过长而失去自然生态平衡，引起草场退化、沙化。

1985年，全旗不同程度的退化草场已达到154.5万公顷，占可利用草场面积的62.3%。其中轻度退化草场占19.7%，中度退化草场占33.5%，重度退化草场占9.1%。

草场退化使草场的生产能力逐步下降，据1970年中科院草原研究所调查测定，阿巴嘎旗理论载畜量是433．7万羊单位；1982年旗草原站对草场生产力调查测算的理论载畜量是248万羊单位。1985年草场资源调查后测算的理论载畜量为154.62万羊单位，分别比1970年和1982年下降64.35%和37.65%。1999年，草场资源调查后测算的理论载畜量为151万羊单位，分别比1970年和1982年下降65.18%和39.11%。

旗政府采取多种措施，抑制草场退化。诸如推行草牧场两权固定制，明确划清了苏木和嘎查之间的界限，建立草牧场维护制度，围封草场。推行“畜草双承包”生产责任制，明确使用者的责、权、利，防止混牧、乱牧、抢牧现象。进行退耕还牧，大面积补播饲草，封滩育草。同时加大牲畜出栏力度，控制草场载畜量，实行“以草定畜”，合理安排牲畜比例。深入宣传《草原法》及有关保护草场的方针政策，防止开荒、搂草、挖药材等破坏草场的行为发生。

建设人工草地与高产饲料地比天然草场具有更高的经济效益、社会效益和生态效益。90年代以来，阿巴嘎旗坚持“种植一点，改良一块，合理开发利用一大片”的草原建设方针，全旗13个苏木陆续建设了人工草地和饲料地。截至1999年共建设人工草地与高产饲料地2.4万公顷，其中：人工草地0.15万公顷，半人工草地2万公顷，高产饲料作物0.25万公顷。

三、草原生态保护

60年代和70年代，阿巴嘎旗兴起两次开垦草原的运动，使草场面积缩小，天然牧场退化。1973年，采取措施封围部分退化草场，草场使用采取“季节划分草场”的办法。对建筑用黄草、沙土、石头进行合理规划、定点采挖。对基层干部和牧民进行草原保护知识培训等。1980年，把境内开垦的农田及菜地进行合理规划，停止粮食作物种植，巴彦塔拉农场、巴彦德勒格尔牧场农分场、呼和乌素农场开展退耕还牧工作。1989年阿巴嘎旗第八届人民代表大会常委会第十次会议通过《阿巴嘎旗草原管理实施细则》，印刷蒙汉文资料共3000册，发至嘎查、牧户。

1983年以后，在阿巴嘎旗哈日戈壁、玛尼图戈壁等地发生搂发菜的事情，并逐年增加，全旗6个苏木、15个嘎查、34万亩草场遭到严重破坏。1984年4月开展了草场划界工作。完成了旗苏木间282个点433475公里长的界线、苏木之间262个点424575公里长的界线勘定工作。落实了13个苏木、68个嘎查、905个浩特、4750户的草场使用权，共划定13810平方公里放牧场、5000平方公里打草场和502.4平方公里草库伦。

1988年草原监理站和防火办合并，加强力量，加大了监理力度，严格制止乱采滥挖现象。1989年草场承包到浩特。1998～1999年，草场划分到户，户均面积556.5公顷，人均草场面积131.3公顷，畜均（1998年）草场面积2.2公顷，载畜量151万羊单位。

第二节　从传统生产制度向现代生产制度转变

一、解放前

中华人民共和国成立前，这里绝大多数牲畜被极少数王公贵族、牧主、喇嘛上层所占有。全旗有20多万头（只）牲畜，除喇嘛庙牲畜外，牧主和富牧就有十几户，他们各有牲畜2000～

3700多头（只），而贫苦牧户只有几头或十几头牲畜，只好给庙仓或牧主，富牧当放牧员、当雇工。由于广大人民群众长期遭受封建政府、日伪政权和上层喇嘛的剥削和压迫，生产逐年下降，牧民生活极端贫困。

解放前，草原上形成了以牧主和牧工为代表的阶级对立，在放牧和畜牧业生产方面牧主采取各种形式剥削雇用牧工。

一是大牧主有大群牲畜，牛、马、羊、驼等五畜俱全。雇用放牧员和挤奶员。雇用时选择有较多强劳动力的牧户，几户至十几户，选择水草丰美的草场，按畜种分群游牧，牧工为牧主放牧、挤奶、剪羊毛、加工毡子等。

二是放苏鲁克。"苏鲁克"即畜群。放苏鲁克是新中国成立前一种租放牲畜的方法。牧主将牲畜交给牧户代放3~5年，称放"苏鲁克"。放"苏鲁克"源自清代，贫困牧民给畜主放牧牛、马、羊群。牛群包本承包、仔畜比例分成。一般是"2：8"、"3：7"，就是按牧户2~3，牧主7~8的比例分成。另外四岁以上的每头奶牛每年向牧主交2~4斤黄油，3~8斤奶豆腐，两车牛粪。过冬过春准备和一切费用开支由牧户承担；羊群放"苏鲁克"是一般成畜保畜率97~98%左右，繁殖率一般按适令母羊的80~85%计算。仔畜分成的公母比例为50%分成。羊毛除每百只羊给牧主交一块蒙古包毡子外，其他毛归牧户。其他一切费用开支全部由牧户负责。

三是雇用牧工。比如牧主有200匹马以上组群需要雇用两个马倌。分白班和夜班，马群昼夜不离人。年工资每人3岁小马一匹，供吃，供冬季防寒用品，一套皮衣一双毡靴，无其他报酬。保畜率定为98%。如果牧主有80~100头牛就组群，需要雇牛倌一人、挤奶员两人，供吃，给牛倌一件皮衣，牛倌工资一年给四岁牛一头。挤奶员每人给几十尺布料，挤奶员每月发3元钱的工资。如果牧主有200只羊就雇羊倌一人。除供吃外月工资15元，有时牧主还要拖欠牧工工资，有时还要赔偿损失，牧工劳动一年有时一无所获。生活水平逐年下降。

内蒙古自治区成立后，1948 年下半年阿巴嘎旗贯彻牧区“不分不斗不划阶级、牧主牧工两利、放牧自由、人畜两旺”的政策，使牧区经济发展，牧民生活改善。虽然还是贫苦牧民给富裕牧民放“苏鲁克”，但与旧“苏鲁克”制相比，剥削形式有些变化，将雇工计酬改为放牧计酬，提高了放牧员所得。

据 1944 年统计，阿巴嘎旗共有 3747 户 14795 人，66.9 万头（只）牲畜。可是这些资产半数以上被少数王公贵族、富牧、上层喇嘛占有。阿巴嘎右旗有 1170 户 4764 口人，21 万头（只）牲畜。其中有 1000 头（只）以上牲畜的富裕户 51 户 273 人，牲畜 12 万头（只），占全旗总户数 4%～5%的人口，牲畜拥有量占全旗的 57%。其中有 2000 头（只）以上牲畜的有 18 户 97 人，牲畜头数 7 万头（只），户均牲畜 3900 头（只），人均牲畜 732 头（只）。而占本旗绝大多数的贫苦牧民 1119 户 4491 人，牲畜仅有 49000 头（只），户均牲畜 43 头（只），人均牲畜 10 头（只）。

二、解放后

中华人民共和国成立后，废除了封建特权，同时，把恢复和发展畜牧业当作在牧区实行社会主义民主改革的一项中心任务。坚决贯彻执行内蒙古党委“放牧自由”和“不分不斗，不划阶级”与“牧工、牧主两利”政策。大力号召“人畜两旺”，并实行生产扶持，采取了轻税政策，提高牲畜和畜产品价格、工农、牧业相互支援的政策，大大鼓舞了广大牧民的生产积极性，为迅速恢复和发展畜牧业创造了有利条件。

牧区改革是从 1946 年春开始的。内蒙古自治运动联合会颁布了民主改革的法令，实行了牧民、牧主在政治上一律平等，在经济上进行自由合理放牧。1948 年 5～6 月间，锡察盟工委开展了一场牧区改革的群众运动。首先在贝子庙进行了畜牧改革的试点工作，接着在锡林郭勒盟全面开展“牧改”斗争。提出的口号是“牧改是牧区的一场彻底反封建的群众斗争”。通过这场斗争，要把黄、黑封建（黄封建是指喇嘛教上层，黑封建是指王公、贵族、大牧主）全部消灭，实行“牧者有其畜”。在贝子庙大殿发动了一场小喇嘛斗大喇嘛的斗争大会。并召开牧民大会进行阶级教育，开展诉苦，划分阶级，斗争上层反动喇嘛和王公、贵族、大牧主，分配了斗争果实。

1948年5月开始至8月，在阿尤勒灰庙召开了千人参加的斗争大会。并根据牲畜多少，政治态度好坏划分贫苦牧民、中牧、富牧、牧主。没收牧主财产分给贫苦牧民，其中对待牧主和富牧，区分反动和不反动，没收和分留各有标准。原北部6个苏木改选为4个牧民会，原南部5个苏木合并为2个牧民会，旗苏木行政一切权力归牧民会。

牧业生产互助组建立初期有季节性互助组、临时性互助组、经常性互助组等形式，是社会主义集体经济的萌发期。1952年4月，旗苏木两级工作组深入三苏木五组，建起全旗第一个常年性互助组“特木尔互助组”。本互助组参加户5个，人口19人，牲畜464头（只）（其中大畜155头）。并根据组员的喜好和能力，适当安排劳动力、生产资料，无论男女老少每个人都担负一定的工作。根据实际情况合理安排牲畜分群、挤奶、草场，适时组织定敖特尔，定居，从而改善了对牲畜的饲养放牧条件，促进了牲畜增膘，各户都增加了牲畜和收入，改善了生活。本互助组依靠集体的力量打井建棚圈，大家集资购抽水机、苫布，少数牲畜和积累资金属集体所有。1953年，特木尔互助组的仔畜成活率达98%，建棚18丈，打草18万斤。获全盟热爱祖国竞赛奖旗，优秀互助组称号。

1953年全旗常年性互助组达到3个，入组户35个，临时互助组发展到480个，使牧区经济逐步走上社会主义改革之路。1955年常年性互助组达34个，入组425户，占全部牧户的12.2%，参加人数达1157名，占牧区人口的9%，牲畜41982头(只)，占牲畜总头数的7.4%。季节性互助组发展到373个，入组户2870个，占牧户总数的82%，参加人口10199名，占牧区总人口的85.3%，入组牲畜434091头（只），占全旗牲畜总头数的76.5%。

组建互助组后，改进了牲畜的饲养管理办法，在牲畜的配种改良工作方面，非常注意选择良种公畜，并合理掌握公母比例，如牛1：15；羊1：30；山羊1：45，因而提高了繁殖率。1956年末全旗常年互助组达167个，入组户2032个，占牧户的55.7%，参加人7931名，占牧区人口的62.80%；季节性互助组达114个，加入户1150个，占总牧户的31.5%。全旗近90%的牧户已经组织起来，常年性互助牲畜纯增率为16.7%。季节性互助组牲畜纯增9.4%。单干放牧和庙仓牲畜纯增1.5%。

1958年常年性互助组达186个，入组户2637个，占总牧户78.5%，入组人口9425名，占总人口80.36%，牲畜462071头(只)，占总牲畜头数的74.9%；季节性互助组达41个，参加户371个，占总户数11%，人口1223人，占牧区总人口10.4%，牲畜84634头，占总牲畜的13.9%。此外庙仓和单干户190个，人口532名。

牧区由互助组走向初级社是1956年底开始的，在常年互助组的基础上，逐步建立牧业初级社。当时大力宣传牧业合作化的优越性和入社自愿退社自由，实行自愿互利的原则。同时给牧民群众说明牧业合作化的阶级路线是依靠劳动牧民，团结一切可以团结的力量。

1956年2月，在阿拉腾常年互助组的基础上，由20户牧民、1787头牲畜建立锡林郭勒盟第一个牧业生产合作社“伊利特合作社”。当年3月旗党委组成15人工作组到查干淖尔苏木搞建立牧业合作社试点工作。发动组织“特木尔互助组”和“高图布互助组”，牧民于4月1日建立了“乌兰图嘎牧业生产合作社”，入社户23个，人口90名（其中劳动力男17名，女20名），入社牲畜2764头（只）（其中大畜695头）。

1956年7月旗党委建立合作化办公室，领导全旗合作化运动。办公室主任由旗委书记徒步兼任，副主任由生产合作部部长毕力贡兼任，内设合作、政治工作、财经工作、进步经验总结4个组。

1958年全旗牧业生产合作社9个，参加户189个，占总牧户的5.63%，入社人口2738名，占牧区人口的6.29%，入社牲畜33453头（只），占牲畜总头数的5.4%。当年4月全旗合作化工作普遍展开，开始有重点地建立，后来普遍建立。当时旗直科级干部9名，一般干部58名（其中专门住社干部53名）深入基层，培训合作社社长、会计、牧民积极分子416名。接着由旗委书记，旗长带领149名干部深入基层，平均每个巴嘎2名干部，领导合作化运动。全旗7个苏木共建立18个重点合作社；在三、四、六苏木建立37个合作社；在一、二、五、七苏木建立45个合作社。从四月至六月新建100个牧业合作社，全旗共建109个初级合作社，入社牧户占全旗总牧户的97.1%，入社人口占总人口的95.5%，入社牲畜占全旗牲畜总头数的91.17%。1953年全旗有373860头（只）牲畜，经过社会主义改造，到1957年全旗牲畜发展到616678头（只），增长64.95%，平均每年递增10.5%。五年向国家出售牲畜285400头（只），其中有4967头（只）是第一、第二代改良畜。

1958年6月20日至9月贯彻全区第七次牧区工作会议精神，合作社联合扩大、牲畜按份入股、获得定息的社会主义改造深入开展。原109个初级合作社联合为27个高级社。全旗638606头

（只）牲畜除50984头（只）牧民自留畜外均加入高级社。

合作社在入股牲畜作价方面，给入社普通牧民通息年息为2~3%，给过渡到合作社的庙仓牲畜和富牧牲畜年返还股息0.5~1%。高级社建立后，巴嘎机构自然消失，以高级社代替。

三、人民公社化时期

人民公社的建立始于1958年11月初至12月27日，阿巴嘎旗贯彻落实中共中央关于实现人民公社化的指示，全旗实现人民公社化。将原七个苏木行政单位改建为七个人民公社，即那仁宝勒格、巴彦图嘎、查干淖尔、宝格达乌拉、巴彦高勒、伊利勒特、阿尔善宝拉格七个人民公社。在原联社和高级合作社的基础上建立起31个生产大队，原初级社的基础上建98个生产小队。人民公社范围大体上是200多浩特，300~900户，7万~25万头牲畜；生产大队有30~70浩特，80~160户，200~ 500口人，16000~49000头牲畜；生产小队有15~40户，66~165口人，29~80个劳动力，11000~12000头牲畜。

人民公社入社牧户2689户，人口9899人。入社个人和集体牲畜：马22219匹，牛67667头，骆驼2475峰，绵羊293148只，山羊151964只，共537473头（只），占全旗牲畜总头数的92.7%。入社生产资料有打草机135台，抽水机（包括轮式小斗）61台，木车10117辆，帐篷113顶。社员牲畜入社时自留畜标准是：每户1~2匹骑马，1~2头役牛、2~3头挤奶牛，10只小畜。全旗共有自留畜45646头（只），占全旗牲畜的7.83%。其中马6031匹，牛11527头，骆驼643峰，绵羊22444只，山羊5001只。户均16头，人均4头。

入社方式主要以内蒙古党委提出的社员牲畜作价入社，获得股息报酬，实行给牲畜的办法返还报酬。返还股金的标准各公社和各大队根据自身的情况自定，普通劳动牧民畜股是年息3%，富牧和庙仓畜股年息 1～2%。1959 年全旗总增牲畜 163904 头（只），总增率为 34.7%，纯增牲畜 117360 头（只），纯增率为 24.9%，全旗牲畜总头数达 589247 头（只）。

人民公社化，由于干部和群众都没有经验，领导方法不当，制度不健全，管理混乱，一度产生了公社统一管理劳动力，统一组织指挥生产，实行统一劳动定额等混淆全民所有与集体所有的“左”倾做法。于是产生了“一平二调”，刮“共产风”，盲目指挥，强迫命令等坏作风和过激倾向。

1958 年建立人民公社，1959 年人民公社抽积累和 1960 年大办农业，组建建筑工程队，三次从生产队大量平调集体财物。其中有牛 920 头，蒙古包 27 顶，苫布 5 块，勒勒车 130 辆，双铧犁 45 部，普通犁 25 部，石磨 8 盘，麻绳 255 条，马笼头 59 条，帐篷 3 顶，掾檩 2600 根，毛 1911 斤，黄铜 1636 斤，羊 567 只，平调物资价值 35236 元，还有将全旗多处庙仓的房院、金银、铜制用品、米面、茶、黄油、锅勺等平调或出售给国家。

1959 年初，内蒙古颁布“关于牧区人民公社若干问题的指示”，进行整风整社。通过整风整社调整了人民公社的规模，明确生产建设方针，加强经济管理制度，充实劳动管理办法，确定分配方面的原则。

当时由于乌兰夫坚持实事求是的原则，结合内蒙古的特殊情况，提出了一系列整风整社的正确主张，比如 1959 年秋，在查干淖尔公社达布希拉特生产队进行了一次整风整社。1960 年 11 月 17 日至 22 日全旗召开了四级干部会，传达贯彻中央关于当前农村人民公社政策问题的紧急指示精神，成立以旗委书记那顺格日勒为组长，岗巴特、巴图吉雅、苏那木、李富祥为副组长的整风整社领导小组。第一步，在巴彦图嘎公社进行整风整社试点的基础上，由自治区、锡林郭勒盟、旗、社四级 50 多名干部组成工作组，分别深入各公社、生产队，宣传贯彻中央十二条政策及

《农村人民公社工作条例》和自治区党委制定的《牧区人民公社工作条例》（八十条）；第二步是发动群众，写大字报和大鸣大放，批评“一平二调”错误，纠正“共产风”、冒进风、瞎指挥和特殊化等，整顿基层组织，免去 有历史问题的和无能力干部的职务，采取治病救人、批评与自我批评的方法，教育多数挽救少数，干部作风普遍得到整顿；第三步在充分调查研究的基础上，彻底退赔，退赔时有原物的还原物，被转移无原牲畜的，经双方协商退赔同类牲畜。全旗被平调的物资折款634506元，整风整社前有的社员自留畜为46510头（只），这次退赔后达55763头（只）。分给农牧民自留地1454亩，其中一部分分给自留畜；第四步，对公社、生产队的范围，进行两次调整。将原5个公社21个大队、69个生产队调整为12个公社、63个大队、141个生产队。在二大队基础上建公社2个，在三大队基础上建公社1个，只有查干淖尔公社未动，原社队农场减少合并成5个农场11个小队。接着在全旗范围内普遍实行了六定、“三包一奖”制度。由生产队将畜群包给“畜群组”，实行“三包一奖”（即包工、包产、包费用、超产奖励），生产队确定三项指标（即成畜保畜率，母畜繁殖率、仔畜成活率）。各社视其情况，指标高低不一，成畜保畜率大畜定在98%，小畜定在95%。达不到上述指标，罚亏损部分的30%，超过指标的奖励超额部分的80%。母畜繁殖率和仔畜成活率加在一起，通常超额 产仔成活。一般大畜产仔成活定在73%，小畜定在95%，超额或达不到指标的奖罚同上述标准。牧工、饲养员、保育员的工分是“死分活评”，即根据其每季完成指标的情况进行评定。总的奖罚年终时兑现。

牧区建立初级社的比例低，大部分是由个体牧户一步跨入公社，虽然有少数高级社，但建社时间不长，所以基础薄弱，再加上牧区的牲畜一方面是生产资料，另一方面又是生活资料，所以自留畜政策要放宽。1962年6月为了便于生产和群众生活，采取了减少基层单位数，减少层次的办法，将原来的三级所有、三级管理制度改为两级所有、两级管理。即取消原生产小队，保留生产大队和公社两级。

经过整风整社，调动起干部群众的生产积极性。畜牧业生产高速发展，1962 年全旗牲畜总增 36%，纯增达 18.7%。其中总增率 36%以上的公社达 7 个，总增 30%以上的公社 5 个，纯增率 20%以上的公社 8 个，纯增 10%以上的公社 2 个，纯增不到 10%的公社 1 个，仅有 1 个公社因当年调给太仆寺旗 6000 头（只）牲畜，纯增率不到 1%。

草棚特区生产的承包责任制远远早于内地农业的土地承包责任制，其主要原因是畜牧业生产的特殊性，1960 年至 1962 年在以生产大队为基本换算单位期间，全旗大多数生产队实行“三定一奖”责任制，即“一定繁殖成活率、保畜率、畜产品产出率；二定劳动力和出勤率；三定生产费用；超产奖励”。1960 年全旗 5 个公社，23 个生产大队，81 个生产队，265 个浩特畜群组实行“三定一奖”制度。年末有 21 个生产大队、71 个生产队、206 个浩特畜群组超产，得奖金 10454 元。当时查干淖尔公社认真执行“三定一奖”制度，全苏木各大小队和畜群组普遍认真执行。改变了牧区懒散的状态，认真放牧，下夜，牛群跟群放牧，各队的各种牲畜保畜率、保胎率普遍提高，仔畜成活率达 100%，牲畜总增 38.5%，纯增率高达 20.30%，百母超百仔的大队有 5 个，场 1 个，生产队 16 个，浩特 42 个。二是两定一奖“生产责任制”。1963 年至 1982 年，在全旗范围内实行“两定一奖”生产责任制，即对畜群定繁殖成活率，产绒毛率；对劳动力定放牧、下夜责任、保畜率；繁殖成活率、畜产品产出率高，超过定额受奖。将产量包给浩特畜群组，责任由个人承担。

联产承包完成数率大体是：牲畜保畜率大畜 98%，小畜 97%；繁殖成活率，马为 65%，牛 70%，绵羊 88%，山羊 87%，骆驼 70%；畜产品产量本地绵羊长毛 1.8 斤，短杂毛 0.6 斤，羊毛 0.5 斤，杂种羊毛 3.5 斤，杂种羊羔毛 1 斤，山羊绒 0.40 斤，鬃毛 0.2 斤，驼绒 7 斤，马鬃 0.5 斤。如果这些数率超额完成，按超额部分 50～80%奖或全部奖。减产后对减产的 20～30%部分罚。

奖励牲畜作价每匹马 80～100 元，牛 40～50 元，绵羊 8 元，山羊 5 元，马驹 12～15 元，牛犊 8～10 元，绵羊羔 2～3 元，山羊羔 1.5～2 元。

奖罚按主要劳动力、辅助劳动力区分，劳动好坏区分，对畜群主要承包牧户奖得奖部分的 30～40%，其余奖其他附带参加的劳动者，全部劳动力每天实行评分制。

四、改革开放前后

1982 年春，巴彦查干公社巴彦乌拉生产队根据其牲畜少、收入低、生产队欠国家和别的社队社员债务、多数社员欠生产队债务、人民生活相当困难的实际情况，经社队领导共同研究决定将本队畜群作价，搞分户承包试验，为全旗最早搞大包干的生产队。承包方式：将当时集体 4064 头牲畜，按人平均，每人半匹马、一头牛、七只绵羊、四只山羊，承包期初步定为 4 年，要求 4 年内分给的牲畜数量质量不变，保基础母畜，生产队按牲畜的种类、性别和年龄定价，牧民每年向生产队交全部牲畜价值的 10%现金。牲畜作价：骟马和母马 350 元/匹，三岁马 200 元/匹，两岁马 100 元/匹；犍牛 400 元/头，乳牛 250 元/头，三岁牛 200 元/头，两岁半牛 100 元/头；羯羊 40 元/只，母羊 30 元/只，羯山羊 30 元/只，母山羊 18 元/只；对棚圈、住房、药浴池、打搂草机等生产工具由原浩特经营，并负责维修；轻便车定为 4 年使用期，无偿分给社员使用，4 年后归社员所有；每年向社员提留的资金用于文化福利、积累、抗灾、畜费等，提留部分以外用于解决内部债务。同时畜种改良、畜病防治由生产队继续抓，草场由集体统一按计划调整使用。

1983年春，全旗12个苏木68个嘎查普遍实行对畜群分户承包责任制。将集体的315016头（只）牲畜，定价归户，原值保本15~20年，在此期间每年抽取5~7%归集体。对固定资产、生产工具、房屋753处3855间，作价5129202元；畜棚560处2970丈，作价385739元；畜圈506处6344丈，作价123823元，草库伦65200亩，作价162686元承包给社员。同时对机具轻便车等26种生产资料作价261866元，售给或按价承包给社员。1984年秋全区畜牧业工作会议后，全旗68个嘎查中63个嘎查普遍将原作价承包改为无偿归户承包。

人民公社建立时社员投入本金共3546035元，承包后已偿还2672478元，占75.37%，剩余部分逐年返还社员。其中现金2481099元，牲畜3036头（只）价值191379元。还有生产队欠国家、集体和社员债务928273元，其中欠国家贷款321942元。因此，全旗多数生产队将这些债务按畜分摊承包给社员以利偿还。

随着牲畜作价归户承包责任制的落实，对草场的要求越来越迫切，必须划分草场，做到有偿使用，也是完善“畜草双承包”的生产责任制。从1988年开始，随着落实草场所有权、使用权工作的开展。旗政府专门成立落实草场“两权”的领导小组。第一步开始完成苏木间、嘎查间草场界限的勘定；第二步将草场划分到牧业浩特或畜群作业组，将13810公里的放牧权落实到905个浩特4750个牧户，同时将5000平方公里的打草场和5024平方公里的草库伦落实到浩特使用，占全旗可利草场面积的77.83%。按面积逐年提取草场使用费。1990年牧业年度全旗牲畜总头数达117.8万头（只），比改革初期的1978年增长2.69倍，平均每年递增11.5%。随着畜牧业生产的发展，牧民生活不断提高，牧民人均收入由1978年的178元，提高到1990年的

1350元，增长6.58倍，绝大多数群众解决了温饱问题，还有20~30%的牧户过上了小康生活。生产方式大有改变，由靠天养畜向建设养畜转变。由传统的粗放型经营向科学养畜转变。畜牧业经济正在由自给半自给的自然经济向社会主义商品经济转变，当地牧民正在走专业化、集约化畜牧业的道路。

第三节 阿巴嘎旗的工业发展情况

一、畜产品加工

阿巴嘎旗畜产品加工工业主要有乳制品加工、肉食加工两项。

(一) 乳品加工

1954年，内蒙古乳品工业公司驻张家口办事处技术人员在昌图庙筹建乳品厂，主要生产干酸素、奶油、乳糖、牛奶黄油等产品。生产方式以手工为主，奶源靠牧民提供。1957年，乳品工业总产值11.6万元。1958年，阿巴嘎旗开始自办乳品工业。当年4月在四佐苏木图门额勒苏建成了第一座平锅生产乳粉的加工厂，日处理鲜奶一吨。产品用25公斤面袋包装，主要用于食品再加工。1959年，全旗乳品厂进行规划调整。南部乳品厂在昌图庙，下设渔场、海彦庙、巴彦高勒三个分场；北部在塔布干珠尔办起了乳品厂，下设代喇嘛庙、阿尤勒海、都盖德勒格尔等分场；旗所在地建起了“五四”青年乳品厂，主要以羊奶为原料生产乳粉。这期间盟工业局刘全海同志试制的煤气炉在土法生产中应用，效果很好，可节燃料20%。1959年9月全盟羊奶生产乳粉现场会在阿巴嘎旗召开，会上推广了煤气炉应用技术。

1960年，土法生产奶粉活动达到高峰，除扩大南北乳品厂规模外，又以牧户为单位，先生产成半成品，然后交就近乳品厂加工。但由于生产工艺落后（牧民一般用饭锅或白铁皮做成的双层筒式简易锅浓缩），产品质量低劣，加上储存运输条件差（无汽车运输），造成半成品、成品变质报废。因此，取消了几处分场，并停止牧民生产半成品的做法。1962 年，南北乳品厂合并为一个厂，厂址在塔布甘珠尔，由于奶源没有保障，生产期由原来的 5 个月缩短为 3 个月，产品产量大幅度下降。1964 年秋，因奶源断绝，乳品工业停产。

1970 年，全旗乳品工业再次开工。由盟、旗两级业务人员组成的试验推广直火加热半机械化生产乳粉试制组在查干淖尔公社试办乳品厂成功。主要生产工艺是用直火加热水浴式浓缩罐对牛奶进行浓缩，再用直火加热烘箱（砖、铁皮砌筑成）对高压喷雾出来的湿乳粉进行烘干。浓缩的牛奶进入高压泵，利用高压喷成雾状落入烘箱后即变成乳粉（此项直火加热水浴式浓缩罐获自治区科技成果四等奖）。

1971 年后，在伊和高勒、那仁宝拉格、查干淖尔、德勒格尔、巴彦德勒格尔、洪格尔高勒苏木阿拉腾图雅和旗所在地建起 7 座乳品厂，均采用直火加热半机械化生产。1972 年 8 月，由国家轻工部、商业部和自治区轻工业厅、商业厅在阿巴嘎旗联合举办了全国乳品工业生产现场会，来自河北、山东、宁夏、陕西、甘肃、辽宁、吉林、黑龙江、河南、广东等 16 个省区的代表出席了现场会，有关技术人员对查干淖尔乳品厂采用直火加热半机械化生产乳品的做法给予高度评价。

1977 年，由于遭受罕见的特大雪灾，牲畜损失大，乳品厂全部停产。1978 年，旗乳品厂由轻工业部投资 25 万元，自办奶源基地，继续生产乳粉。1984 年，采用蒸汽加热浓缩牛奶工艺，由半机械化生产转为机械化生产。产品质量也有所提高，深受旗内外用户欢迎。

1984 年，生产乳粉 53.9 吨，较 83 年增长 10.9%，特级产品率达 90.1%。到 1987 年，乳品厂产品开始由单一品种向多品种转化。到 90 年代，市场除奶粉以外，开始有酸奶，冰棍等系列产品。1993 年，乳制品产量 70.42 吨，产值 60.23 万元。

（二）肉食品加工

20 世纪 50 年代后期，食品公司建肉食屠宰车间，每年屠宰加工牛 100～200 头，羊 2000～5000 只。采取手工作业，土冷库保存，主要供应新浩特镇机关食堂和居民肉食。

1974 年，食品公司建起储藏能力 200 吨的屠宰加工厂，年加工牛 0.1 万头、羊 2 万只。1986 年，进行冷库扩建，建成具备贮藏能力 500 吨，屠宰加工羊 5 万只的生产能力。1990 年工业总产值 280 万元，利润 186.5 万元，上缴利税 98.3 万元。

二、牧机修造工业

1958 年，成立阿巴嘎旗机械厂，主要是炼铁、生产珠式轴承，附带小型铁制品加工。1963 年，阿巴嘎旗被列入全国牧业机械化试点旗，当年成立牧机管理局。因牧业机械化试点的展开，从国内外引进了大批的拖拉机、打草机、搂草机、捆草机、剪毛机等牧业机械。1965 年正式投产，在旗机械厂的基础上扩建拖拉机综合修配厂。同时在吉尔嘎郎图牧机服务站也建起了牧机具修配点。1965 年，牧机修造工业完成总产值 52 万元，修理拖拉机 34 台，加工铁制小农牧机具 1517 件。旗牧机厂的设备配备比盟内其他旗县先进，技术力量也较雄厚，当时除能修理拖拉机外，还制造部分牧机具配件，如生产汽缸垫、马车轴、油罐、破雪器、集草器、药浴机、风力发电机乳粉高压泵等，其中乳粉高压泵生产技术获得自治区科技奖。

1971 年，牧机管理局更名为牧机管理科。1973 年，在各公社陆续办起社办公助的牧机修配网点，主要承担牧机具的维修，小型农牧机具加工及公社所在地柴油发电。1976 年，牧机管理科更名为牧机局。1980年以后旗牧机厂适应牧业生产及居民生活需要，设计制造蒙古包、暖气、网围栏、风力提水机等。1986年旗牧机修造厂与旗运输公司合并，主要开展汽车修理业务，同时还加工一些网围栏、土制暖气片、土暖锅炉等。1991年，与运输公司分离，继续搞一些网围栏加工项目，效益逐渐滑坡。到1996年，共亏损37.86万元。1998年，牧机修造厂实行企业转制。1983年，撤销牧机管理局，设牧机服务站。1986年，恢复成立牧机管理局。

1993年阿巴嘎旗牧业机械管理局更名为牧机服务中心。主要开展牧业机械推广、安全监理等工作。到1999年底，全旗拥有大中型拖拉机1874台，打草机883台，搂草机888台，捆草机75台，风力发电机2741台，机械药浴站14处，修理网点29处，农机零配件销售门点40个，拖拉机驾驶员2061名，农机经营收入406万元。1999年，牧机服务系统有人员39人，下设牧机推广站、牧机安全监理站、农机产品质量投诉站。

三、矿产业

阿巴嘎旗地域辽阔，矿产资源丰富。20世纪70年代，内蒙古地质矿产局区调一队在阿巴嘎旗境内进行矿产普查，发现有13种可利用矿产资源。有金属矿铁、铜、镍、钨金5种；非金属矿煤、油页岩、萤石、石灰石、石膏、磷、芒硝、碱、水晶等9种。目前，已发现的矿种有金、银、铜、铁、铬、镍、铅、锌、钨、铀、石灰岩、水晶、萤石、石膏、硅石、煤芒硝、石油、矿泉水等20余种30余处。

截止2005年底，有29家勘探队对43处矿产资源进行了地质勘探，完成地勘投资1.3亿元。现已探明储量并初具规模的矿产开发有：玛尼图煤矿。位于北部吉尔嘎郎力苏木，矿区面积45平方公里，储量8814万吨，煤质具有低硫、低水分、中高发热量特点。2003 年原煤生产 10.5 万吨，煤质为褐煤。该煤田位于中部查干淖尔苏木，储量 6.9 亿吨，煤质为褐煤，发热量在 3985～4700 大卡/千克之间。2005 年，河北峰峰集团拟建设年产 300 万吨煤矿，大唐河北发电有限公司拟建 2×13.5 万千瓦燃煤发电机组及煤转化项目，现均已进入开工筹建阶段。目前，正在开工建设的还有德力格尔重化工基地、灰腾梁风电、宝格达石油等矿业开发项目。

（一）萤石矿。阿巴嘎旗查干淖尔苏木巴彦宝拉格嘎查矿藏丰富，有萤石、石膏、铁等，萤石储量约 10 万吨。1958 年旗人委决定成立萤石矿、石膏矿，并进行了少量开采。1959 年产石膏 3566 吨，水晶 4 吨。后因经济效益差，相继停办。1973 年成立旗萤石矿（属地方国营企业）。1976 年开始兼采石膏，1977 年又兼采铁矿。萤石质量以 3～5 级品为主，主要销往盟外贸公司，供出口东欧国家；石膏与铁矿石销给盟水泥厂，做辅助材料。随着市场需求量减少，企业处于停产状态。

（二）石灰岩矿。阿巴嘎旗石灰岩矿有 5 处，其中最大的是德勒格尔苏木汗乌拉矿床，有大小矿体 12 个，地质储量 5.8 亿吨以上，是具有工业开采价值的大型矿床。1958 年开采石灰石 280 吨。1975 年旗政府开发利用此资源，筹建阿巴嘎旗水泥厂。1977 年投产，主要生产白灰。

（三）芒硝矿。阿巴嘎旗巴彦查干、查干淖尔、洪格尔高勒苏木有芒硝矿产，但成矿条件差、储量小。1958 年大办工业期间阿巴嘎旗曾建立土碱矿、芒硝矿，进行季节性生产。1958 年生产 2 吨土碱；1959 年土碱生产 2 吨、无水芒硝 14 吨；1960 年生产土碱 11 吨；1961 年生产土碱 4 吨。后因质量次，效益差而停办下马。1985 年旗经委组织人员对该资源进行了考察、取样化验。1986 年后旗乡镇企业局办过烧碱场，土法生产 3 年烧碱。

（四）水晶矿。1958 年，在群众找矿报矿的基础上发现阿巴嘎旗那仁宝拉格、青格勒宝拉格、巴彦图嘎、吉尔嘎郎图等苏木有水晶矿藏，并筹建水晶矿进行开采，1959 年生产 4 吨。

（五）铁矿。阿巴嘎旗有铁矿产 3 处，均在西半部，洪格尔庙南 5 公里处，距旗 65 公里，矿区面积 100 平方公里，矿体呈层状，类型为块状赤铁矿、含锰块状赤铁矿为主，还有少量磁铁矿，含铁量在 20～63.92%之间，平均含铁量为 45.05%，含磷平均达 0.766%，属高磷富矿。1958 年在大炼钢铁时开采过铁矿石 6848 吨，锰矿石 50 吨。后由于该矿地区偏僻、矿石含磷高，且地方财力有限，交通运输困难而未规模性开发。1960 年，内蒙古 126 地质队提交的《内蒙古阿巴嘎旗洪格尔庙铁矿地质普查报告》中表明有开采价值。1985 年内蒙古矿产资源开发公司提供的《矿产资源特点及开发利用建议》表明该矿储量为 781.5 万吨。70 年代末期，萤石矿为锡林郭勒盟水泥厂作为辅助材料开采过。1986 年产量 395 吨。1994 年产量 800 吨。

（六）钨矿。钨矿位于宝格达乌拉苏木西 8.5 公里处的必鲁甘一带，面积 4.5 平方公里。已发现石英含钨矿脉 33 条，较好的大脉有 3 条。70 年代初，旗工业局曾组织人力进行开采，从 28 立方米矿石中选出钨砂 500 公斤。1986 年，经内蒙古计委列项，聘请 109 地质队进行普查并提交普查报告。1988 年，由旗经贸委牵头，聘请江西采矿技工进行开采，生产精钨砂 5 吨。此后至 1999 年未开采。

四、电力

1958 年，阿巴嘎旗购进一台 150 马力 30 千瓦德意志民主共和国产柴油发电机组，在汗贝庙设发电车间，每晚为新浩特镇发电 3 小时。

1959 年，成立阿巴嘎旗发电厂。年发电量 5 万千瓦时，产值 0.3 万元。1963 年，发电厂划归拖拉机综合修配厂管理，主要承担新浩特镇生活用电和拖修厂生产用电。1973 年，发电厂与拖修厂分开，为独立核算地方国营工业企业。70 年代后期，各苏木所在地、煤矿、林场均配备了不同型号的汽柴油发电设备。1980 年，全旗供电量 52.2 万千瓦时。1987 年，成立阿巴嘎旗农电局、供电局。旗电厂停业发电，改由锡林浩特市二电厂供电。

1999 年，阿巴嘎旗供电局有干部职工 104 人，内设办公室、供电所、变电站、施工队、财务股、服务站、水电站。截至 1999 年底，全旗拥有 35 千伏输变电线路 173.76 公里，10 千伏配电线路 394.8 公里，13 个苏木、1 个镇、1 个煤矿、1 个渔场全部通网电。全旗供电量 909.95 万千瓦时，城镇人均用电量 25.3 千瓦时。网电覆盖 17 个嘎查 112 个牧户，线路总长 17.4 公里。

五、煤炭

阿巴嘎旗境内有 4 个含煤盆地，即阿巴嘎煤盆、洪格尔庙煤盆、那仁宝拉格煤盆和额尔敦高毕煤盆。煤炭资源预测储量 200 亿吨以上，其中大部分是褐煤。

初步探明矿产两处，旗北部玛尼图庙和巴彦呼都格一带，该煤田横跨阿巴嘎旗、东乌珠穆沁旗。面积 800 平方公里，其中玛尼图庙、巴彦呼都格两处储量达 8600 万吨，煤质牌号大致在长焰 2 瓦斯间，发热量 3600～5700 大卡/公斤。

20 世纪 30 年代末期，侵华日军在玛尼图庙矿区进行煤炭开采，当时是季节性破坏性开采。此后，玛尼图庙矿区长期间没有开发利用。

50 年代后期，玛尼图庙和巴彦呼都格矿区得到初步开采利用。1958 年正式建立地方国营煤矿，但由于生产经营不景气，1961 年停办。此后由公办转为民办，旗工业局派砖瓦厂部分人员进驻巴彦呼都格矿区进行季节性开采，年产量 3～5 千吨。后由于生产规模逐渐扩大、矿区人口增加，1970 年，成立“12·19”

煤矿，属地方国营企业，矿部设在巴彦呼都格矿区。采用开巷道、人工刨、篓子背的原始开采方式。

1974年后采用柴油机发电，电钻打眼放炮，半机械化提升技术。由玛尼图煤矿独家开采。

90年代初，随着采矿权的放开，出现了吉尔嘎郎图苏木煤矿，还有个人开采的矿井。自1996年后，逐渐取缔了个人开采的矿井。1999年底，全旗有煤炭开采企业2个（国营、集体各1个），总产值为510万元，原煤产量9万吨。

六、乡镇企业

阿巴嘎旗乡镇企业始于1958年，在“大跃进”时期涌现出铁木制品加工、制毡熟皮、建筑维修、烧砖制瓦等传统手工业社队企业27个，工业总产值22万元，占全旗工业总产值的17.1%。企业在管理上受旗人委工业科和所在人民公社管委会的双重领导，均属集体所有制企业。

阿巴嘎旗的社队企业是在手工业基础上，根据本地牧业生产和人民生活需要而产生的。从手工业发展成包括工业、种养殖业、矿业开发、建筑业、修理业、饮食服务业、交通运输及其他服务业，涉及领域广，包括了第一、第二、第三产业，从原料的生产、加工、销售到为牧业生产服务，为人民生活服务。

阿巴嘎旗乡镇企业发展大体分为三个阶段。第一阶段1958年至1976年，是乡镇企业由起步到徘徊状态时期。1960年，随着工牧业生产的发展，每个公社都建起了1~2个铁木制品修配厂和小型乳品厂。此外还有皮毛、缝纫、制鞋、粮食加工等企业。共有社办厂矿49个，直接为牧业生产服务的有15个；为人民生活服务的有10个；为国家提供工业原材料生产的企业24个。全年实现工业总产值106万元，占全旗工业总产值的42%，比1959年增长76.66%。从1959~1961年，全旗社队企业直接生产供应农牧业生产使用的各种农牧机具配件6万余件，帮助公社建立铁木修配厂7处，下乡参加修配服务的技术人员86人，精简职工充实到旗内农牧业战线的有116人，在农牧业生产旺季组织参加夏锄、秋收、抗灾保畜、接羔保育等劳动。1963年至1976年，全旗社队企业处于停滞状态。1963年全旗社队企业减少到8家，工业总产值12.3万元，占全旗的20.7%。

第二阶段是1977年至1983年。1977年3月，成立了社队企业管理局。国家、地方在社队企业的产品、价格、税收、资金、技术、物资等方面给予优惠、扶持政策，并从每年支援人民公社的资金中拿出一半作为社队企业的周转金，帮助社队企业健康发展。全旗社队企业24个，从业人员578人，1977年工业总产值78.11万元，占全旗工业总产值的23.22%。

1949～1999年阿巴嘎旗企业发展统计表

年份	企业数（个）		职工人数（人）	工业总产值（万元）
	合计	其中国营		
1949	3	—	—	18.3
1950	3	—	—	17.3
1951	4	—	—	21.3
1952	3	—	—	18.3
1953	3	—	—	19.7
1954	6	—	—	27.0
1955	6	—	—	27.7
1956	6	—	—	24.2
1957	27	—	—	61.5
1958	45	14	148	128.8

续表

年份	企业数（个）		职工人数（人）	工业总产值（万元）
	合计	其中国营		
1959	46	13	362	166.2
1960	42	11	458	254
1961	38	10	327	162.1
1962	27	4	98	79.4
1963	16	3	58	59.3
1964	14	3	61	59.6
1965	16	2	61	74.49
1966	14	2	62	74.1
1967	14	2	69	71.31
1968	14	2	73	89.76
1969	14	22	80	61.54
1970	18	2	155	97.91
1971	14	5	215	153
1972	21	5	244	167.15
1973	24	6	284	204.66
1974	25	6	218	224.87
1975	23	6	316	230.74
1976	30	7	217	253.5
1977	33	8	226	336.36
1978	18	9	256	264.28
1979	18	9	232	302.47
1980	16	8	198	272.8

续表

年份	企业数（个）		工业总产值（万元）	年末固定资产净值（万元）	流动资金年末占用数（万元）	销售收入（万元）	上交税金（万元）	盈利企业利润总额（万元）	企业亏损总额（万元）
年份	合计	全民							
1981	15	7	269.57	366.28	84.62	94.03	6.33	14.51	6.8
1982	15	7	278.99	383.22	78.79	116.93	5.7	2.76	8.17
1983	15	7	292.28	404.76	79.35	139.16	6.1	12.22	1.9
1984	15	6	314.31	358.5	96.3	160.83	6.43	14.8	3.9
1985	20	6	371.5	382.0	96.8	180.15	8.17	12.10	2.1
1986	14	7	509.4	496.9	90.6	—	—	28.8	7.8
1987	15	7	640	543.6	302.3	—	—	37.8	6.5
1988	14	7	951.6	996.9	595.3	—	—	82.2	3.6
1989	19	7	1196.1	948.2	815.7	—	—	25.8	11.4
1990	20	7	1477.8	948	1093.3	—	—	64.5	34.8
1991	—	—	—	—	—	—	—	—	—
1992	—	—	—	—	—	—	—	—	—
1993	—	—	—	—	—	—	—	—	—
1994	18	8	1843	1571	1725	3997	171	285	—
1995	19	8	1786	1682	1617	6351	244	293	—
1996	18	9	1760	1444	1567	1897	98	19	—
1997	10	4	1917	1445	2566	2145	112	－53	—
1998	11	4	2818	5059	1517	2396	95	200	—
1999	11	4	3526	4458	1229	2174	19	96	—

第三阶段为1984年至1999年。1984年3月17日国务院《关于开创社队企业新局面》的报告文件下发以后，特别是党的工作重点转移到以经济建设为中心上来以后，乡镇企业异军突起，进入蓬勃发展的新阶段。1984年后出现了第二、第三产业增加，多种经营形式多层次竞相发展的新局面。乡镇企业由零星弱小的经济成分，发展到了拥有农牧业、工业、建筑业、交通运输业、商业饮食业、服务业、其他企业共7个大类21个行业的新兴经济体系。

从1984年到1999年的16年间，全旗乡镇企业共向牧区市场提供了包括电力、原煤、石灰、铁制品、木制品、毛毡制品、皮衣裤、水产品、工艺美术品、砖、服装、纺织品、罐头、化工产品、建材等几十种产品。而且一些产品还填补了阿巴嘎旗工业的空白，补充了国营企业的不足，起到了以小补大、以工促牧的作用。

1999年末，全旗共有各类乡镇企业1197个，其中乡办集体企业17个。按行业分全旗有乡镇工业企业158个，占总数的13.2%；交通运输企业180个，占总数的15.0%；建筑企业26个，占总数的2.2%；商业饮食企业753个，占总数的62.9%；服务业80个，占总数的6.7%。从业人员2893人，其中乡办集体企业193人。

1999年乡镇企业实现工业总产值4686万元，比1998年增长41.7%。全员劳动生产率5.31万元；乡镇企业总产值占全旗农村社会总产值的13.8%；实现销售收入51015元，比1998年增长18.6%；向国家上交税金536万元，平均每个企业上缴税金4478元；1984～1999年全旗乡镇企业累计向国家纳税1900多万元，实现利润2250万元。1999年末全旗乡镇企业拥有固定资产4645万元，其中乡办企业（集体）1130万元，占24.3%；每百元固定资产原值提供产值1104元，提供利税58.2元；人均收入从1979年的452元增加到593元，增长31.2%。

第四节　走入困境的阿巴嘎旗商业

从阿巴嘎旗牧业和工业的发展情况看，总体上走了一条提高、多样、转型和发展的路子，特别是工业发展从无到有，尽管规模和生产水平不大，但毕竟在发展当中。然而，商业在阿巴嘎旗却始终难以获得较大的发展，分析主要原因，一是社会综合购买力低，除了牧民和城镇居民必需生产生活用品外，其他消费市场极其低少。二是传统生产和生活方式也对扩大商品交易市场有制约作用，人们对由经商致富抱有偏见，尽管外来人在阿巴嘎旗依靠经商已经致富，但他们仍然区别于阿巴嘎旗传统居民的生活整体，似乎并不代表阿巴嘎旗社会经济发展的主流。三是国民收入总量低，造成消费规模有限，加上总人口量少，消费基数也就少，使阿巴嘎旗的商业在曲折中徘徊发展。

回顾阿巴嘎旗商业发展的历史还是很有借鉴意义的。从1949年，西蒙贸易公司派出两个供应组并携带商品到阿巴嘎草原为牧民服务，1950年两个供应组移交给旗供销社管理。1956年3月，商业供销出现全行业公私合营高潮，私营商业开始从国营商业进货，随之加入了合作社，过渡到国营商业。1957年10月旗商业局成立，后与供销社合并，一套人员、两个牌子，主要从事农副产品收购，生产资料的购进，牧民生活必需品的销售业务。

1958年“大跃进”开始，本旗掀起大办农业、大办工业的新高潮。商业部门积极组织购进和供应工农牧业生产资料，满足生产需要。仅1960年就购进供应双轮双铧犁135部，八寸步犁357部，镰刀6956把，收割机12台。同时供应了大量牧业生产资料和人民生活必需品。

到1961年，全旗商业、饮食服务业（包括供销社）才有职工472人，其中商业288人，服务业3人，饮食业7人，行政工作人员9人。

1961年贯彻中央关于“调整、巩固、充实、提高”的方针和《关于改进国营商业工作的若干规定》（即商业40条的精神），商业局与供销社分设，恢复了供销基层社，调整了商业网点，精简机构和职工，合并5个单位，撤销6个企业，精简职工170名，下放到基层充实生产第一线。到1965年旗国营商业系统有中心门市部（新浩特镇）、食品公司。有职工60人，社会商品零售额为7万元，人均达1166.67元，纯购进总值（农副产品）26.8万元，纯销售总值15.2万元。社会商品库存总值5万元。

1970年军管时期，商业系统和供销系统再次合并，成立阿巴嘎旗革命委员会生建部商业服务组。1974年经上级批准新建食品冷库，投资31万元，完成投资34.2万元，新增固定资产34.2万元，建筑面积578平方米；1975年冷库又投资14万元，完成投资18万元，新增固定资产18万元，建筑面积1100平方米。建成年储量150～200吨冷库一座。1976年投资建立石油站。到1980年底，商业局系统下属单位有石油站、贸易公司、食品公司、食品加工厂，销售网点8个。

1978年中共十一届三中全会后，商业体制和经营方式开始改革，全旗形成以国营商业、集体商业（供销社）发挥主渠道作用，多种经营方式和多种流通渠道的商品流通体系，个体商贩的涌现，填补了国营、集体商业的不足。新浩特镇除了拥有百货、食品、五金交电、糖业烟酒、饮食服务公司、食品加工厂、民贸商场、综合零售门市部、肉食、副食门市部和知青零售商店等零售、批发网点外，还出现了集市贸易市场，形成了商业一条街。苏木除供销社基层门市部外，个体小卖部到处可见，出现了城乡市场繁荣兴旺的景象。到 1990 年末，全旗有国营商业网点 61 处，有职工 485 人，商业零售额 3047.06 万元，其中商业局系统零售额 1105.4 万元。我们以阿巴嘎旗商业中的支柱企业——旗食品公司为例，分析商业贸易在该旗的发展状况。

一、阿巴嘎旗食品公司是全旗最大的商业贸易单位。于 1964 年 6 月 10 日成立。旗供销社采购经理部经营的牲畜采购、肉食销售业务划归由食品公司经营，也是阿巴嘎旗肉食、奶食交易的主要单位。1965 年 2 月 11 日食品公司合并到旗供销合作社，保留食品公司建制。“文化大革命”期间食品公司改称阿巴嘎旗食品公司革命委员会。1973 年 7 月 11 日又恢复了阿巴嘎旗食品公司的名称。1977 年国、合营商业分设（商业局与供销社分设）后，食品公司实行条条管理，业务上归锡林郭勒盟食品公司，实际上仍归旗商业局领导。

公司成立时内设：人秘股、财会股、储运（业务）股、兽医组、门市部（供应城镇居民肉食）、收购牲畜接收站、伊和乌苏牧场。1990 年末，食品公司的机构和收购网点发展到 21 个，其中股室 7 个即人秘股、财会股、经营管理办公室、保卫股、兽医卫生检验股、业务股（下辖两个门市部）、冷库（下辖压缩机组、锅炉房、电工 3 个组）；在 13 个苏木都建立了收购站；招待所更名为劳动服务公司。1998 年 4 月，食品公司实行企业转制，企业职工全部买断。这个国营的商业公司也就到此结束，其实，在结束以前公司一直处于经营亏损状态。

食品公司主要经营业务有收购、外调、屠宰加工、储存牛、羊肉食品，供应居民肉食。在计划经济时期，食品公司的收购形式，主要采取以下办法：一是食品公司和基层供销社签订代购合同，内容包括品种、数量、质量、交货时间与地点、代购手续费等。在收购旺季时，食品公司派出收购技术人员与基层社的收购技术人员、外调接收单位的技术人员共同对所收购牛、羊目测评估重量；二是旗所在地牲畜由食品公司直接收购；三是采取流动收购与固定点收购、定时收购相结合的办法进行收购。四是以收购、中转、赶运“三结合”或“四结合”（接收单位）的形式开展工作。将所收购的牲畜留足食品公司加工屠宰部分，绝大多数以活畜赶运的方式直接调往外地。收购牛羊均通过食品这一环节，将出售牲畜全部由食品公司收上来，对适时完成收购计划有好处；同时外调牲畜接畜单位要支出15%（价值）的手续费，既保证食品公司收入，同时又增加财政收入。当然，在20世纪90年代以前，居民的日常消费总量对整个商业贸易的影响是极其重要的。

1963~1990居民主要日用生活消费量统计

	单位	1963~1965年	1966~1970年	1971~1975年	1976~1980年	1981~1985年	1986~1990年
盐	吨	245	632	706	662	875	1537
食粮	吨	211	294.3	482	626	830	868
卷烟	箱	1602	3867	3574	9236	5822	6677
酒	吨	187	227.2	456	689	1488	2043
茶叶	吨	294.45	509.6	675.35	632.1	703.5	790.8
棉布	万米	105.67	137.8	155.82	183.6	189.74	94.84
化纤布	万米	—	—	32.13	22.25	6.08	2.98
呢绒	万米	0.19	0.49	0.42	0.26	0.32	1.66
绸缎	万米	15.08	10.8	7.25	37.09	60.18	45.99
奶粉	吨	—	22	67	18.05	1065	—
棉纱	吨	—	18.3	2.85	1.73	3.2	—
马鞍子	座	531	—	1752	403	234	—
絮棉	吨	35.3	63.45	95.4	77.1	91.65	—
火柴	件	1932	2978	3767	5810	5460	7027

续表

	单位	1963～1965年	1966～1970年	1971～1975年	1976～1980年	1981～1985年	1986～1990年
肥皂	箱	2247	3861	4561	6341	6435	6000
洗衣粉	吨	—	—	169	60.5	152.7	223
蒙古靴	双	13720	—	12353	9062	9698	—
蒙古刀	万把	—	—	0.04	0.101	0.05	—
缝纫机	架	635	652	907	1854	3459	6.12
手表	万块	—	0.075	0.21	0.48	0.46	0.37
钟	个	—	58	2262	892	676	—
机制纸	吨	14.4	31.2	58.1	104.2	75	74
电视机	台	—	—	—	—	476	2206
录音机	台	—	—	—	—	577	2612
洗衣机	台	—	—	—	—	589	1013
收音机	台	234	232	1082	1721	3305	1586
自行车	辆	18	305	718	1914	4964	4728
煤油	吨	—	208	826	140.5	98.1	—
元钉	吨	—	6.6	58	60.7	70.36	—
暖水瓶	万个	0.84	4.17	1.48	1.4	3.57	3.81

从上表可以看出，阿巴嘎旗居民日常生活消费商品的购买力是有限的，一些商品的销售呈下降甚至绝对减少的趋势，增长部分的规模不大。主要表现在：传统消费商品，如手表、自行车绝对减少；传统生活必需品，如马鞍、马具等下降，布匹、棉花正在被其他替代品取代，烟酒等上升。我们可以说，商品消费在阿

巴嘎旗的主体居民中处于生活的次要地位，其投入远低于生产必需品和教育医疗方面。所以商业利润在阿巴嘎旗是极其有限的，试图依靠商业来提高社会总体生活水平，或创造持续增长的税收，在目前的水平下，都是不可能的。

总之，国营食品公司由1964年的35名职工，经过26年的发展，到1990年增加为132名。其中行政管理人员20名，技术人员21名，业务人员91名。固定资产总值由1964年的0.47万元，增加到1990年421万元，增长894.7倍。27年来共收购牛羊累计达203万多头（只）。1990年实现利税239万元，人均达1.81万元。随着商业经营体制的改革，这一艰难的发展过程已经结束了。

二、第二个商业经济发展艰难的例子是百货公司。阿巴嘎旗百货公司的前身是贸易公司，贸易公司前身为旗供销合作社的供应经理部。1966年4月18日供应经理部改为阿巴嘎旗贸易公司。内设机构：业务室、财会室、中心商店、仓库、点心加工车间。1974年2月4日贸易公司增设石油股。是年石油股从贸易公司划出，成立阿巴嘎旗石油站。1974年4月划出食品加工厂，受商业局直接领导，成为商办工业企业。1983年为适应经济体制改革的需要，中心商店和三级批发站（贸易公司）分开，改为新浩特百货商场，实行独立核算，受旗商业局的直接领导和管理。1985年贸易公司更名为百货公司，内设机构为：人秘股、业务股、财会股、储运股、批零商店。1986年中心商店（百货商场）划归百货公司。此外百货公司还有零售网点3处，代销店2处。1988年，百货公司、五金公司、民族贸易商场合并，统称阿巴嘎旗商贸公司，1997年商贸公司转制。1998年企业职工全部买断。

阿巴嘎旗百货公司是由供应经理部演变而来。建立初期供应经理部不仅经营日用百货、棉纺、针织、烟、酒、糖、副食、五金、交电、化工、民族用品，而且还经营生产资料、商办工业

(点心加工)、石油等，是一个综合性的经营单位。随着经济的发展、形势的变化，商业部门相继成立专业公司。因此，百货公司经营的部分商品从业务中划出、对口经营。百货公司所经营的商品品种由初期的1600多种增加到1990年2700多种。批零兼营对集体、个体有证商业户进行批发业务，从而带来了极大的方便，对稳定市场、稳定物价、促进商品流通的进一步扩大发挥了国营商业主渠道的作用。在计划经济时期，从上世纪50～70年代开始，百货公司的进货渠道主要是由内蒙古商业驻张家口3个二级批发部（百货、土产、五金糖业烟酒站）进货。进入80年代随着改革开放、搞活，百货公司与几家工厂签订了采购合同，择优进货，减少流通环节、降低费用和销售成本，增加利润。到1990年进货渠道的地区采购点有北京、广州、杭州、张家口、宣化、包头、集宁、锡林浩特等地。已有了比较稳定的进货渠道和基地。从而保证了按计划进货，及时投放市场，保证了全旗各族人民群众的需要。但1995年以后，利润率下降，成本提高，亏损严重，1998年全部改制。

在计划经济体制时期，企业的生产计划、产品品种及数量一直由主管局下达，按计划组织生产，所产产品调往各苏木基层供销社和旗所在地各门市部销售，少量产品经各企业自设门市部零售，职工按月固定工资取酬。普遍存在着“大锅饭”、平均分配的现象，职工的积极性难以发挥。因此，在经济体制改革过程中，从1980年开始，结合商办工业企业的特点，对经营管理办法进行了探索，逐步推行了经营承包责任制，先后制定了“定额超产、节约奖励制度”和“四包四定”责任制。实行车间包产、包销、包质量、包回收和定人员、定设备、定材料、定消耗的“四包四定”生产承包责任制。对零售商店（两个门市部）实行百元销售含量工资制，联销联利计酬工资浮动的经营承包生产经营管理承包责任制。对行政、锅炉人员实行岗位责任制为中心结合全厂产销利费完成情况的计奖制，从而增加了企业的活力，使效益有所提高。

事实证明，商业经营应该以民营为主，采取多种形式，扩大经营范围和进货渠道，根据实现利润的情况自己决定经营规模和范围，在阿巴嘎旗这样的市场规模情况下，这能够完全满足居民的生活需要。如果我们依然采取国营或集体形式，追求规模，其利润将会受到影响，商业经营反而下降。

阿巴嘎旗的民族商贸公司就是例子。1986 年 10 月 5 日阿巴嘎旗建成了民族贸易商场（也称民贸楼），占地面积2,500 平方米，营业楼面积为1,030 平方米，有流动资金 18 万元，为旗商业局直接领导的商业企业。商场内设 8 个营业组，即一楼有文化组、烟酒副食组、五金交电化工组；二楼有民族用品组、服装组、针织组、鞋帽组、棉布组。经营的商品 2000 多种。1987 年全年商品零售额才有 192 万元，交纳税金 4.6 万元，实现利润 2.7 万元，年末自有流动资金 18 万元，银行贷款 40 万元，固定资产净值 46 万元，全部流动资金占用 46 万元，商品资金占用 42 万元，职工人数 46 名，全年人均劳效 4.17 万元，人均创利 587 元。一年人均创利不到 600 元。1990 年销售总额 177 万元，交纳税金 6.4 万元，亏损 8.6 万元，自有流动资金 20.9 万元，银行贷款 36.8 万元，固定资产净值 41.4 万元，全部流动资金占用 62.5 万元，商品资金占用 65.4 万元，职工人数为 49 人，人均劳效为 3.6 万元，人均亏损 1755 元。

另一个相反的例子是阿巴嘎旗石油公司。阿巴嘎旗石油公司的前身是旗贸易公司石油股。1975 年从贸易公司分出，成立阿巴嘎旗石油站，隶属旗商业局领导。1975 年末有职工 17 名。旗石油站从 1984 年起改为石油公司，并从业务、人事管理上划归锡林郭勒盟石油公司，实行垂直管理。

旗石油站从 1974 年开始投资建设，到 1980 年共完成投资额

13.02万元，新增固定资产13.02万元，其中房屋竣工面积1161平方米。建有办公室11间，贮油库一处，能储藏汽柴油300吨，旗所在地有两个加油站，德勒格尔、青格勒宝拉格、查干淖尔各有一处加油站。为降低进货成本，在运输方面自备运油罐车5辆，大部分均从赛汉塔拉石油站进货。

旗石油公司是随着生产发展、机械化运输车辆、拖拉机、汽柴油机的大量增加而单独成立的专业性供汽油、柴油、润滑油的商业销售机构。1980年前汽柴油分计划内、计划外两种价格，计划内每公斤汽油仅0.8元钱，而计划外汽油至少要每公斤1.20元以上。因此一个时期指标控制很严，曾按计划、凭票供应。汽柴油成了热门抢手商品。

汽柴油的销售价格一直由上级物价部门制定，特别是支农牧柴油，计划内价格较低，经营此油是薄利多销。为了降低进油成本、减少费用，公司十分注重经济核算，自备汽车减少运输费用，实行单车运油定额补助差旅费的办法。到1985年职工有35人，完成商品零售额200.2万元，人均劳效5.72万元。

在经济体制改革中本公司逐步推行经济承包责任制，做到职责明确、奖罚分明，调动了职工的积极性，使经济效益有所提高。但随着开放、搞活，石油经营也在打破独家经营的界限，涌现出其他部门和集体、个体办加油站的局面。因此，石油公司更要加强经营管理，提高服务态度，变买方市场为卖方市场，在竞争中求生存求发展。

第五节　阿巴嘎旗与周边地区贸易

阿巴嘎旗是一个边境旗，与周边地区贸易，既有向外，也有向内的意义。阿巴嘎旗与周边的贸易主要是指购进粮食商品在旗内销售。阿巴嘎旗是边境少数民族地区，又是纯牧区，粮油全部由区外调入，新中国成立前广大牧民吃粮极其困难，只好依赖肉食和奶食。因此，过去乃至改革开放前，粮油贸易是阿巴嘎旗对外贸易的核心。改革开放后，这一局面被彻底打破，周边地区的各类商品也快速涌入阿巴嘎旗的市场。这种情况是商品经济初级阶段的自然现象，与全国各地大同小异。但阿巴嘎旗的特殊性在于，它比其他地区商品流通更慢一些，并不完全是因为它的偏远，而是它的市场发育缓慢和商品需求传统。

封建社会时期，由于清朝政府不允许旅蒙商在牧区定居。因此，旅蒙商在从事牧区商品流通过程中，一直延续着春来秋走的传统习惯，牧民只以肉食奶食为主要食品，只在过春节才准备一些粮食。只有一些贵族上层和喇嘛可常年享用粮食，但因人数少，需求量不大。当时的粮食运输，一是王爷府和贵族富户，每年派出专车专人（畜力车）拉上皮毛牲畜等前往哈巴嘎、宝昌、多伦、张北及土木尔台等地农区交换粮食，有条件的牧民则少量捎带一些；二是庙仓喇嘛有自己的车辆、粮仓，每年派人专程到外地购回粮食；三是旅蒙商人也少量经营一些粮食。特别是在1945年到1947年间，大部分庙宇财产被没收，喇嘛外逃出走，庙仓无力进粮，一些旅蒙商根据牧民的需要也运进一些粮食，还有一部分手工匠人每年春来秋走，来时也顺便带些粮食与牧民进行交换。

新中国成立初期粮食运输有了保证，但路途遥远，往返一次用20天左右时间，冬季靠骆驼驮，春夏秋季靠勒勒车运粮，并在当地政府的支持下，采取内外结合，组织群众解决粮食运输困难，一些机关工作人员的吃粮靠自己解决等办法。1949年6月24日，西部联合旗供销合作社组织131辆牛车，将2925斤绒毛运往张家口，换口粮27756斤，解决了国民党军事封锁造成的牧民缺吃少穿的困难。

1957年锡林浩特粮食局成立，在本旗设立中心粮站，从此粮食运输有了明显改善，开始用火车和汽车运粮，从呼市、包头、集宁、赤峰、通辽等地将粮食运到赛汗塔拉粮食中转站，再用畜力车将粮食运进阿旗。但是由于本旗地域辽阔，粮食供应网点分散，运输线长，进粮点最近距旗200公里，远的600多公里，加上70年代前，特别是50、60年代交通运输工具落后，靠畜力胶轮车和牛车，偶尔雪大还需要骆驼队辅助，往返周期长达30~50天，所以长期以来，运输问题成为本旗粮油工作中的重要环节。运输问题如不落实，粮油调运进不来，供应工作便不能保证。

文化大革命前，国家实行粮食供应办法后，对牧民采取了照顾政策。1958年前对牧民实行“足量供应”的方针，不限数量，不限品种满足供应，允许凭证跨旗跨点购买粮食。三年自然灾害时，在国家粮食供应工作非常困难之际，仍然确保了对牧民粮食的供应。即对边境牧民采取“足量供应”的办法，满足需求，对内地牧民则实行“控量供应”，是经营上适当控制、掌握满足需要的一种供应方法，以防止套购外流；同时对粮食品种的调剂，根据货源情况优先满足牧民的习惯需求，制定了“先牧民、后城镇”的原则，合理安排，保证牧民对炒米、白面、小米、莜面四品种的需求。

城镇居民的供应根据1955年国家颁布的《市镇粮食定量供应暂行办法》，制定了一套完整的供应和管理制度，对城镇居民和苏木所在地非牧业人口的供应均执行了城镇居民定量供应的标准，定期核定人数、工种、凭证供应。定量标准按劳动强度、轻重分为4大类，即强体力劳动级、轻体力劳动级、脑力劳动级和居民。每月每人最低定量28斤，最高55斤。（有非常详细具体的工种定量标准细则）。对儿童则根据年龄大小按规定供应。从1955年执行以来，除了细则中个别工种和儿童的定量标准有些小幅度调整外，基本原则和办法没有变更。根据有关规定，旗县召开党代会、人代会、政协会、劳模先进工作者代表大会时。按参加人数，每人每天补助0.2斤粮食。国家机关、厂矿、企事业单位的干部职工和大中专院校学生每人每日补粮0.5斤。机关的机动粮由单位掌握，用于职工参加劳动、夜餐及个别缺粮户的补助。干部、学生到工厂跟班劳动，参加筑路、兴修水利、植树造林连续10天以上，按同工种补助；差额不足10天的由单位机动粮补助。干部下乡到牧区，由牧民家派饭，凡定量低于每日1.2斤的补足差额，月定量标准不足30斤的干部，每人每日补0.1斤。经批准招用的季节性临时工、合同工，凭劳动部门调配介绍和用人单位证明，按同工种标准补足差额；医院夜间值班和手术人员，每人每班次补粮0.3斤。1986年，停止对干部职工补助粮食。

20世纪50年代喇嘛念经，以庙为单位按喇嘛人数计算，每念一次经，每人供面粉0.5斤。回族过节，根据寺院大小，供应面粉20~30斤。60年代开始，对少数民族过传统节日，酌情予以适当补助。旗县级以上大型会议，包括体育运动会，按会议用粮的60%供应细粮。苏木级会议按用粮的40%供应细粮。旗内召开的内蒙和国家级会议供细粮80%；机关食堂供细粮40%，苏木级食堂供细粮50%，医院患者供细粮80%。

旗内水利、地质、林业等专业人员，每人定量标准内供应面粉50%~60%，二等以上革命残废军人在口粮标准内供应面粉70%。癌症、白血病、肠胃部分切除者，在尚未根治前全部定量供细粮。急慢性消化道溃疡、肠结核、糖尿病、肾脏病等患者，按定量的70%供细粮。1980年开始，对国家供应商品粮的教职员，在定量内每人每月增加供应面粉3斤、大米2斤，1986年开始在离退休干部过4大节日时，凭特供证，在定量内增供精粉或特粉8~10斤；回民过尔代时在定量内每人增供面粉2斤，斋月时，清真寺的在职教长、阿訇、依玛月、海里瓦在定量内每人供应面粉 2 斤。

1953 年前，城镇食油供应由市场和私人油商经营，以后由供销社和油脂公司代销。1957 年 5 月以后对城镇居民、国家干部和职工实行发票，按人控量供应，城镇居民月供 12.5 克，干部职工月供 25 克，机关食堂经业务部门审批，实行月计划控量供应；1958 年开始停止发油票，实行粮油一证，定量供应，干部职工月供 25 克，居民月供 15 克；1959 年自治区压缩粮油供应标准，干部职工月供 17.5 克，居民月供 7.5 克；1965 年开始不分职业，每人每月供 20 克油；1972 降至 15 克。“五一、国庆、元旦、春节”四大节日每人增供 15～20 克。

1953 年粮食油料按统购统销政策，旅蒙商、坐地商已经绝迹，以物易物的不等价交换已成为历史。数十年来，粮油市场由国家粮食部门全面管理，市场稳定，人民生活得到充分保证。

1966 年以后随着运输工具的改进和发展，运输紧张的状况逐步缓和，结束了畜力车运送粮食的状况。锡林郭勒盟粮食运输汽车队成立，旗内运输公司力量的加强，给粮食调运工作提供了保障。粮食网点布局也进一步得到合理调整，尽量缩短运输距离，加速周转。例如 1967 年调整查干淖尔粮站途经旗所在地的老路线，改为从赛汗塔拉运粮，改成从苏尼特左旗经查干淖尔渔场的直接进粮路线，减少运输里程 30 多公里。70 年代边境 4 个公社粮站进货，从二连经边防公路直接运进，运距减少，节约了大量运费。70 年代后期，全旗运粮除依靠锡林郭勒盟粮食车队、旗运输公司外，旗粮食局、粮食仓库也购进了汽车，开始承担粮食运输任务。由于牧区偏远、冬季寒冷、降雪又早，因此一般每年 10 月份开始就运输储备冬春用粮食。

阿巴嘎旗是纯牧区，粮食工作以销售为主。仅在 1958 年以后大办农业、开荒种地、建立以巴彦塔拉为主的大小农场时，对农场留足口粮，征购少量粮食。1959 年征购粮食 14 万斤，1960 年征购粮食 76 万斤，1963 年征购原粮 2 万斤，1964 年征购 93 万斤，1965 年征购 33 万斤，仅为年销售量的 3.7%。1966 年征购粮食 66 万斤，仅为年销售粮食的 9.1%。1966 年以后，由于粮食广种薄收、收成不高，再未征购粮食。随着各项生产的发展，经济建设的需要，仓储条件不断改善，库容逐年提高。但这时仍然属于简易仓库，成品粮进库后只能按原包装储存，而且经常不能满足需要，经常保持一部分露天囤垛保管。此时旗粮库集中在旗粮食局后院，每年雨季反潮季节，粮食局必须组织全体干部职工进行翻倒晾晒，支付很多费用，以防烂变质。

1978 年中国共产党十一届三中全会以后，对粮食仓储工作提出了更高要求。1986 年新建了旗中心粮库，仓储容量为 2000 吨。控制销量，实行少销的原则，对城乡非农业人口，每人月供 32 斤成品粮。随着改革开放，搞活经济方针政策的实行，为活跃市场，促进城乡和工农牧之间的关系和交流，搞好市场平衡，在全国各地先后开放粮食自由市场之后。阿巴嘎旗粮食部门根据牧区实际情况和有关开放政策，经营议价粮油。

1987 年随着国家粮食连年丰收，出现了个体粮食商贩，粮油市场也随之放开，粮票及供应站停止使用，粮食部门独家经营粮油的体制被打破，粮食部门面临着严重的竞争和挑战。粮食销量开始大幅度下降。1988 年粮油销售政策放开后，旗所在地涌现了 5 家集体、个体粮油店，1988 年全旗需口粮1800 万斤，旗粮食部门售出 154 万斤，占 8.56%，其余粮食均通过集体、个体粮店销售，约占 91.44%。集体、个体户售粮为全旗粮食市场调剂了品种、活跃了市场、弥补了不足，现已成为全旗粮油经销不可缺少的力量。到 1990 年旗国有粮食企业粮食销量下降为 140.6 万斤，仅占全旗年需口粮的 8%左右。1998 年粮食流通体制改革时，153 名职工买断工龄，轻装进入市场，参与市场竞争。

阿巴嘎旗购进粮食的历史，对理解这个纯牧区社会生活的变化是极其有意义的，对理解阿巴嘎旗商品经济的曲折发展过程也是十分重要的。其实，早在元朝就有商人进入草原，通过以物易物，从中谋取高额利润。明代，对蒙古地区实行经济封锁，不准商人来草原进行贸易活动，也不准蒙古人跨过长城进行商品交换。因此，蒙汉民族的物资交流曾一度停滞。民国 4 年（1915 年），随着贝子庙的兴盛，各地旅蒙商纷至沓来，贝子庙逐渐形成边镇贸易，阿巴嘎旗的 4 个牧民也参与与旅蒙商的商品交换。每年春来秋走，流动做买卖的小商小贩，至少也有几十顶帐篷。那时交换方式是以物易物，高利盘剥牧民，如一块茶砖可换一只大羊，一双皮鞋换一头牛，一斤烟叶换三只羊等。解放前，当地人民群众所需商品均由旅蒙商从张家口、多伦等地贩运。主要经营品种有布匹、绸缎、砖茶、生烟、马鞍等生产生活必需品。通过与牧民用牲畜及畜产品以物易物的方式进行交换。据不完全统计，解放前常驻本旗的旅蒙商共有 20 家。或许“草原商业”本身就有它的独特性，我们只有理解并尊重那些特殊性，商品经济才可以在草原兴旺起来。

附表：

国民经济主要指标（一）

指　标　名　称	单位	2000年	2001年	2002年	2003年	2004年
一、人口	人	42867	43212	43165	43761	43977
年末人口	人	42867	43212	43165	43761	43977
二、劳动力						
年末社会劳动者人数	人					
职工人数	人	3589	3519	3661	3469	3483
三、综合						
1. 国内生产总值（按当年价）	万元	33359	35569	38133	44068	58905
第一产业	万元	20565	19491	19140	22279	24268
第二产业	万元	3593	4579	5892	7351	17262
工业	万元	2541	2571	3225	3941	8525
第三产业	万元	9201	11499	13101	14438	17375
2. 人均地区生产总值	元	7776	8234	8834	10070	13394
四、固定资产投资						
全社会固定资产投资	万元	3160	5601	7752	13518	42012
基本建设投资额	万元	2882	3607	5653	8845	30451
更新改造投资额	万元		400	1070	1386	1070
五、财政						
1. 财政总收入	万元	2175	1549	956	1165	2342
地方财政收入	万元	2007	1358	699	916	2015
上划中央“两税”收入	万元	168	191	257	249	327
2. 地方财政支出	万元	4496	6116	6703	7495	11106
六、物价指数（以上年价格为100）						
1. 居民消费价格指数	%	100.1	102.3	99.6	102.2	102.6
2. 商品零售价格指数	%	100.1	102.1	99.7	101.8	100.9
3. 农业生产资料价格指数	%	101.4	101.2	101.2	104.4	99.1

续表

指　标　名　称	单位	2000年	2001年	2002年	2003年	2004年
七、职工工资						
1. 职工工资总额	万元	2333.5	3373.9	3771	3894	4073
国有单位	万元	2246.1	3261.6	3427	3583	3757
集体单位	万元	87.4	112.3	135	311	316
2. 职工平均货币工资	元	6502	9588	10300	11135	12361
国有单位	元	6504	9627	10394	11040	12676
集体单位	元	6426	8572	10000	12357	14693
八、居民收入						
1. 城镇居民人均可支配收入	元	3702	4100	4395	4771	5321
2. 牧民人均可支配收入	元	3384	2409	2430	2605	3093
九、居民消费水平						
全体居民	元	3176	3168	2953	3664	
城镇居民	元	2875	3291	3767	3536	
农村居民	元	3497	3037	2525	3794	
十、农业						
1. 农业总产值（按当年价）	万元	30828	29517	28574	33250	41484
农业	万元	1518	1572	1599	1690	2388
牧业	万元	28794	27650	26702	31320	28723
林业	万元	166	163	173	180	152
渔业	万元	350	132	100	60	100
2. 农业总产值（按不变价）	万元	17273	15718	15220	15652	18429
农业	万元	1483	1397	1445	1525	2231
牧业	万元	15343	14086	13548	13944	15915
林业	万元	105	105	130	124	111

续表

指　标　名　称	单位	2000 年	2001 年	2002 年	2003 年	2004 年
渔业	万元	342	130	97	59	51
3. 主要农产品产量						
肉类总产量	吨	29048	22526	15648	18275	20433
牛肉	吨	9811	6100	2698	2908	4260
羊肉	吨	17192	15005	12365	14799	15703
猪肉	吨	34	11	38	22	
4. 六月末牲畜头数	头(只)	2436062	2041748	2003629	2094658	2064081
大畜	头	203453	118748	85552	98033	110274
小畜	只	2232609	1923000	1918077	1996625	1953807
生猪	口	177	80	225	339	417
5. 十二月末牲畜头数	头(只)	1281122	1143077	1198048	1156186	1108012
大畜	头	113476	67244	68666	75361	80517
小畜	只	1167646	1075833	1129382	1079825	1027495
生猪	口	180	110	120	181	241
十一、工业						
1. 工业总产值（按当年价）	万元	3346	3888	9330	10735	20531
限额以上工业	万元	2006	2829	4257	5186	15152
轻工业	万元	1798	2723	4055	4242	6273
轻工业	万元	208	106	202	944	8879
限额以下工业	万元	1339	1059	5073	5549	5379
2. 工业总产值（按不变价）	万元	2030	2380	6892	8722	
限额以上工业	万元	1168	1534	3139	3603	
轻工业	万元	931	1402	2887	3156	
重工业	万元	236	132	252	447	
限额以下工业	万元	862	846	3753	5119	
3. 主要工业产品产量						
原煤	吨	86177	36825	59374	105000	231418

续表

指 标 名 称	单位	2000 年	2001 年	2002 年	2003 年	2004 年
购电量	万度	1138.7	1251	1298	1416	1732
自来水	万吨	32.5	34	36	43	35
红砖	万吨	1958	1850	2260	2400	2922
鲜冻畜肉	吨	2170	1443	2214	2187	3208
服装	件	37300	30000		20000	20000
皮鞋	双	6500	6000			
木制家具	件	17000	10000			
矿泉水	吨	540	1380	638	480	1260
十二、社会消费品零售	万元	16594	18104	19449	21336	24995
城镇	万元	14588	16269	17350	19140	22375
牧区	万元	2006	1835	2099	2196	2620
十三、金融、保险						
1. 金融机构各项存款余额	万元	18760	21515	22712	26477	30142
金融机构各项贷款余额	万元	10694	12386	13491	14101	13650
2. 银行现金收入	万元	77358	64176	65524	81271	99650
银行现金支出	万元	85306	70113	70895	80137	99393
2. 年末城乡居民储蓄存款余额	万元	15199	17277	18919	22237	26040
十四、教育、卫生						
1. 教育						
小学楼	个	18	13	11	10	8
小学在校生数	人	4084	3862	3588	3181	2975
普通中学数	个	2	2	2	2	2
中学在校生数	人	1990	2006	2215	2078	1927
职业中学在校生数	人	600	681	690	695	
2. 卫生						
医院数	个	85	78	86	38	39
床位数	张	186	157	162	149	135
卫生技术人员数	人	351	392	341	300	318

历年城镇居民人均可支配收入、牧民人均纯收入

年　份	绝对值（元）		指数（以上年为100）	
	城镇居民人均可支配收入	农牧民人均纯收入	城镇居民人均可支配收入	农牧民人均纯收入
1990	809	1350	100.0	100.0
1991	772	1371	95.4	101.4
1992	862	1503	111.6	109.6
1993	1127	1883	130.8	105.3
1994	1617	1818	143.8	114.8
1995	1837	2126	143.8	116.9
1996	2179	2359	113.6	110.9
1997	2622	2620	120.3	111.1
1998	3011	2842	114.8	108.5
1999	3369	3128	111.8	110.1
2000	3702	3218	109.9	102.8
2001	4100	2409	110.8	74.9
2002	4395	2430	107.2	100.7
2003	4771	2605	108.5	107.2
2004	5321	3093	11.5	118.7

城镇居民家庭基本情况

指　标　名　称	数 量 金 额
调查户	50
情况（按平均每人全年）	
一、家庭人口数	154
（一）有收入者人数	80
1. 就业人口数	66
（1）国有经济单位职工人数	49
（2）城镇集体经济单位职工人数	
（3）个体经营者人数	15

续表

指 标 名 称	数 量 金 额
（4）其他就业者人数	2
2. 离退休者人数	9
3. 其他有收入者人数	5
（二）无收入者人数	74
二、期末家庭人口数	154
三、期初手存现金	153
四、可支配收入	5321
五、家庭总收入	5638
（一）工薪收入	3781
（二）经营净收入	941
（三）财产性收入	77
（四）转移性收入	839
六、储蓄、借贷收入	697
七、实际支出	4791
八、储蓄借贷支出	1672
九、期末手存现金	25

城镇居民家庭生活消费支出

（平均每人全年） 单位：元、%

指 标 名 称	2004年	2003年	上年同期增长
一、食品	1393	1338	4.1
1. 粮食	235	213	10.3
2. 油脂	25	27	-7.4
3. 肉禽及其制品	376	392	-4.1
4. 蛋类	32	23	39.1
5. 水产品	22	14	57.1
6. 菜类	147	128	14.8
7. 烟草	55	63	-12.7
8. 酒和饮料	22	85	-9.4

续表

指　标　名　称	2004 年	2003 年	上年同期增长
9. 干鲜瓜果	71	63	12.7
10. 奶及奶制品	140	100	40.0
二、衣着	456	445	
1. 服装		282	
2. 衣着材料		3	
三、家庭设备用品及服务		132	
日用耐用消费品		47	
四、医疗保健		153	
五、交通与通讯		402	
六、娱乐、教育、文化服务		394	
1. 文娱耐用消费品		42	
2. 教育		371	
3. 文化娱乐		81	
七、居住		475	
八、杂项商品与服务		207	

城镇居民家庭总收入

(平均每人全年)　　单位：元

指　标　名　称	金　额
一、家庭总收入	5638
1. 工薪收入	3781
工资及补贴收入	3727
其他劳动收入	54
2. 经营净收入	941
3. 财产性收入	77
(1) 利息	1
(2) 红利	
(3) 其他收入	76
4. 转移性收入	839

续表

指　标　名　称	金　额
（1）离退休金	762
（2）赡养收入	29
（3）捐赠收入	46
（4）出售财物收入	
（5）其他收入	2
5. 家庭副业生产收入	
二、借贷收入	697
1. 提取储蓄存款	625
2. 借入款	63
3. 收回借出款	7
4. 赊购	
5. 其他借贷收入	2

城镇居民家庭总支出

（平均每人全年）　　单位：元

指　标　名　称	金　额
一、家庭总支出	4791
1. 消费性支出	3890
2. 非消费性支出	901
（1）贷款利息	
（2）个人所得税	3
（3）其他各种税金	
（4）非储蓄性保险	
（5）赡养支出	345
（6）赠送支出	237
（7）购房与建房支出	
（8）其他非消费支出	361
3. 家庭副业生产支出	
二、借贷支出	1672

续表

指标名称	金额
1. 存入储蓄款	1301
2. 存入储金	
3. 归还借款	42
4. 贷出款	3
5. 储蓄性保险支出	60
6. 购买有价证券	
7. 归还购买住房贷款	228
8. 其他借贷支出	38

城镇居民家庭期末主要消费品百户拥有量

指标名称	单位	数量
毛皮大衣	件	
呢大衣	件	
毛毯	条	
地毯	方	
组合家具	套	62
沙发床	个	
沙发	个	
大衣柜	个	
写字台	张	
摩托车	辆	90
自行车	辆	116
缝纫机	台	
洗衣机	台	68
电风扇	台	38
电冰箱	台	58
冰柜	台	44
彩色电视机	台	98
影碟机	台	46

续表

指 标 名 称	单 位	数 量
录放像机	台	6
家用电脑	台	2
组合音响	套	4
录音机	台	56
照相机	架	26
钢琴	架	
其他中高档乐器	件	
空调器	台	
电炊具	个	106
淋浴热水器	台	2
抽排油烟机	台	14
吸尘器	台	4
健身器材	件	
移动电话	部	88

牧区居民家庭基本情况（一）

指 标 名 称	单 位	牧 民
一、调查户数	户	30
二、调查户常住人口	人	113
1.6岁及以下	人	8
2.7~15岁	人	14
3.16~60岁	人	83
4.61岁及以上	人	8
三、在校生人数	人	21
7~15岁在校学生人数	人	14
四、全半劳动力数量	人	74
全劳动力	人	57
五、劳动力数量		
1. 不识字或识字很少	人	4

续表

指　标　名　称	单　　位	牧　　民
2. 小学程度	人	26
3. 初中程度	人	40
4. 高中程度	人	
5. 中专	人	
6. 大专及以上	人	
六、在本地企业从业人数	人	
七、外出从业劳动力数	人	
累计外出6个月以上	人	
八、耕地面积	亩/人	
山地面积	亩/人	
牧草地面积	亩/人	
九、年末住房面积	m^2/人	
砖木结构面积	m^2/人	
其他	m^2/人	
年末住房价值	元/人	
年内新建（购）住房面积	m^2/人	
年内新建（购）住房价值	元/人	

牧区居民家庭基本情况（二）

指　标　名　称	单　位	牧　民
十一、年末生产性固定资产原值	元/人	9618.99
1. 牧业	元/人	7450.85
房屋及建筑物	元/人	5514.27
役畜产品畜	元/人	954.87
大中型铁木农具	元/人	17.70
牧业机械	元/人	963.72
2. 其他行业	元/人	2168.14
十二、主要生产性固定资产数量		
1. 房屋及建筑物	m^2	3455
2. 汽车	辆	6

续表

指 标 名 称	单 位	牧 民
3. 小型和手扶拖拉机	台	18
4. 机动脱粒机	台	
5. 收割机	台	5
6. 农用动力机械	台	1
7. 水泵	台	1
8. 役畜	头	55
9. 产品	头	85
十三、每百户年末耐用消费品拥有量		
1. 大型家具	件	12
2. 摩托车	辆	36
3. 电话机	部	28
4. 寻呼机	台	
5. 彩色电视机	台	29
6. 黑白电视机	台	1
7. 影碟机	台	
8. 收录机	台	25

牧民居民家庭总收入和纯收入

（平均每人全年） 单位：元

指 标 名 称	金 额
一、总收入	13553.2
（一）工资性收入	71.93
1. 在非企业组织中劳动所得	71.93
2. 在本地企业中劳动所得	
在本地乡镇企业中劳动所得	
(1) 第一产业所得	
(2) 第二产业所得	
(3) 第三产业所得	
3. 常住人口外出从业所得	

续表

指　标　名　称	金　　额
(1) 第一产业所得	
(2) 第二产业所得	
(3) 第三产业所得	
4. 其他	
(二) 家庭经营收入	13229.35
1. 农业	335.58
2. 林业	12759.63
3. 牧业	
4. 工业	26.55
5. 交通运输	12.61
6. 批发和零售贸易、餐饮业	
7. 文教卫生	84.07
8. 其他	103.36
(三) 财产性收入	148.55
(四) 转移性收入	2776.19
二、可支配收入	3093.93
三、纯收入	

牧区居民家庭总支出

(平均每人全年)　　　　单位：元

指　标　名　称	金　　额
总支出	16528.14
一、家庭经营费用支出	9669.45
1. 农业	2017.70
种植业	
2. 林业	
3. 牧业	7619.36
4. 工业	
5. 建筑业	

续表

指　标　名　称	金　　额
6. 交通运输和邮电业	
7. 批发和零售贸易、餐饮业	32.39
8. 社会服务业	
9. 文教卫生	
10. 其他	
二、购置生产性固定资产支出	692.16
三、生产性固定资产折旧	
四、税费支出	
1. 缴纳生产税	
第一产业	
第二产业	
第三产业	
2. 村提留	
3. 乡统筹	
4. 其他	
五、生活消费支出	5700.25
六、财产性支出	42.04
七、转移性支出	424.26

牧区居民家庭生活消费支出

(平均每人全年)　　　　单位：元

指　标　名　称	金　　额
一、食品	1745.82
1. 主食	1129.25
2. 副食	282.31
3. 其他食品	185.24
4. 在外饮食	149.02
5. 食品加工费	
二、衣着	394.19

续表

指　标　名　称	金　额
三、居住	946.68
1. 住房	548.67
2. 电费	
3. 水费	4.45
4. 燃料	178.02
5. 其他	215.54
四、家庭设备用品及服务	244.22
1. 耐用消费	186.41
2. 床上用品	1.48
3. 家庭日用杂品	56.15
4. 设备用品加工修理费	0.18
5. 其他	
五、医疗保健	473.01
六、交通和通讯	1243.62
七、文化教育、娱乐用品及服务	492.98
1. 文化教育、娱乐用品	92.06
2. 文化教育、娱乐服务	401.92
八、其他商品和服务	158.73
1. 商品性支出	68.04
2. 服务性支出	90.69

牧区居民家庭现金收入

(平均每人全年)　　单位：元

指　标　名　称	金　额
一、现金收入	12942.99
(一) 工资性收入	71.93
1. 在非企业组织中劳动所得	71.93
2. 在本地企业中劳动所得	
3. 常住人口外出从业所得	

续表

指 标 名 称	金 额
4. 其他	
（二）家庭经营收入	12619.14
1. 出售产品	12485
（1）农业	
种植业	
（2）林业	
（3）牧业	12485
（4）工业	
（5）其他	
2. 工业加工费	
3. 建筑业	
4. 交通运输业	
5. 批发和零售贸易、餐饮业	
6. 社会服务业	
7. 文教卫生业	
8. 其他	
（三）财产性收入	
（四）转移性收入	
二、非收入所得	
从银行信用社得到的贷款	
借入款	
收回贷出款	
从银行信用社取回款	

牧区居民家庭现金支出

（平均每人全年） 单位：元

指 标 名 称	金 额
一、现金支出	13610.93
（一）生活费用	7964.07
1. 家庭经营费用	7271.92
（1）农业	

续表

指　标　名　称	金　额
(2) 林业	
(3) 牧业	7239.53
(4) 工业	
(5) 建筑业	
(6) 交通运输业	
(7) 批发和零售贸易、餐饮业	32.29
(8) 社会服务业	
(9) 社教卫生业	
(10) 其他	
2. 购置生产性固定资产	692.16
(二) 税费支出	
1. 缴纳生产税	
第一产业	
第二产业	
第三产业	
2. 村提留	
3. 乡统筹	
4. 其他	
(三) 生活消费支出	81580.56
(四) 财产性支出	42.04
(五) 转移性支出	424.26
二、非消费性现金支出	2035.88
归还银行信用社贷款	134.51
借出款	132.57
归还借款	397.35
存入银行信用社	1238.94
三、年末金融资金余额	3614.80
银行存款	3292.95
手存现金	321.85

牧区居民家庭主要食品消费支出

（平均每人全年） 单位：元

指 标 名 称	金 额
一、食品	1745.82
（一）主食	1129.25
1. 粮食	880.81
2. 粮食复制品	248.44
（二）副食	282.31
1. 蔬菜	149.62
2. 豆制品	2.74
3. 油脂类	14.53
4. 食糖	3.55
5. 肉、禽及其制品	19.85
6. 蛋类	6.45
7. 水产品	6.30
8. 调味品	2.67
9. 其他	76.00
（三）其他食品	185.24
1. 烟草	33.98
2. 酒类	48.87
3. 饮料类	35.41
4. 干鲜果类	4.44
5. 糖果糕点	30.74
6. 奶和奶制品	30.80
7. 罐头类	1.00
8. 其他	
（四）在外饮食	149.02
（五）食品加工费	

后　　记

本书的写作缘由，是 2000 年内蒙古边防局的战友在我考察阿巴嘎旗时提供相关资料的基础上产生的。因为，当时各地方县（市）都提供有关地方志方面的材料，但阿巴嘎旗还没有这方面的公开出版物，他们就拿了一些原始的统计和分析材料，我感到如果能够将这些材料很好地归纳整理出版，将会对阿旗是一件有意义的事情。这个想法与内蒙古边防局局长那顺巴雅尔同志所见正好相合，于是，我们共同下决心完成这件事情。2005 年，我又把这项研究工作纳入中央民族大学民族学院“211 工程”当中，使该项计划得以加速并有了出版保证。

在此期间，我们与阿巴嘎旗地方志办进行了充分的合作，在当时阿旗领导的支持和地方志办那木吉主任的主持带领下，《阿巴嘎旗志》在 2002 年面市，使我们的合作具有了更加坚实的基础。我们需要更新材料并归类分析，大量的材料鉴别和引用的确耗费时日，如果没有他们的大力帮助，完成这项工作是困难的，在此，致以衷心感谢。

另外，公安部边防局朱光耀、锡林郭勒盟边防支队巴图队长、张进喜政委、政治处乌兰巴雅尔主任，阿巴嘎旗边防大队常宏队长，阿巴嘎旗社保局长巴特、统计局杨桂英、邮政局于立平都给予我们热情帮助，在此表示感谢。

中央民族大学白振声教授对本课题的立项和通过给予了极大的帮助。对民族学院的诸位老师和同事的无私关怀在此也表示感谢。

吴楚克

2006 年 5 月 6 日